El día que fuí
CRUCIFICADO
Contado por Jesús

T0384446

GENE EDWARDS

CASA
CREACIÓN
Para vivir la Palabra

Para vivir la Palabra

MANTENGAN LOS OJOS ABIERTOS,
AFÉRRENSE A SUS CONVICCIONES,
ENTRÉGUENSE POR COMPLETO,
PERMANEZCAN FIRMES,
Y AMEN TODO EL TIEMPO.
—1 Corintios 16:13-14 (Biblia El Mensaje)

El día en que fui crucificado por Gene Edwards
Publicado por Casa Creación
Miami, Florida
www.casacreacion.com
©2025 Derechos reservados

Library of Congress Control Number: 2005922641
ISBN: 978-1-960436-83-2
E-Book ISBN: 978-1-960436-80-1

Desarrollo editorial: *Grupo Nivel Uno, Inc.*
Adaptación de diseño interior y portada: *Grupo Nivel Uno, Inc.*

Publicado originalmente en inglés bajo el título:
The Day I Was Crucified
Publicado Destiny Image
Shippensburg, PA 17257-0310
Copyright © 2014 por Gene Edwards
Todos los derechos reservados.

Nota de la editorial: Aunque el autor hizo todo lo posible por proveer teléfonos
y páginas de internet correctos al momento de la publicación de este libro, ni la
editorial ni el autor se responsabilizan por errores o cambios que puedan surgir luego
de haberse publicado.

Impreso en Colombia

25 26 27 28 29 LBS 9 8 7 6 5 4 3 2 1

Dedicado

a
Patty Beckerdite,
una querida y muy amada amiga.

Y se le apareció
un ángel del cielo
para fortalecerle.

—Lucas 22:43

PARTE 1

LA HISTORIA CONTADA POR JESÚS EL CRISTO

CAPÍTULO
1

La esposa de Pilato tenía un sueño entrecortado, lleno de turbadoras imágenes de ángeles y de hombres inocentes que iban rumbo a la muerte.

Judas iba camino al Palacio de los Macabeos, tratando de no pensar en lo que podría comprar con treinta piezas de plata.

Ya era entrada la noche, y mi madre María estaba turbada y profundamente angustiada.

Mientras tanto, en una celda de la Fortaleza Antonia, tres prisioneros, cada uno bien encadenado, permanecían despiertos pensando cómo sería tener las manos atravesadas por un clavo y luego morir de sofocación.

"Las moscas y los mosquitos son la peor parte, me dijeron una vez", se oyó la voz de uno de los ladrones, rompiendo el silencio de su calabozo.

"No necesito saber eso", respondió otro.

A corta distancia detrás de mí, mientras yo salía de la ciudad para cruzar el Valle del Cedrón rumbo al Monte de los Olivos, Pedro estaba encontrando dificultades para mantener una pequeña espada escondida bajo sus vestidos.

Un niño de siete años, que no podía conciliar el sueño, se escapó de su casa y comenzó a vagar por la ciudad, esperando encontrar a uno de mis discípulos. Él tenía una pregunta que hacer: "¿Por qué esta noche está tan oscura y presagia algo malo?"

En el palacio reservado para el gobernador de Galilea, Herodes Antipas no sólo estaba despierto, sino borracho. Yo sabía que antes de que esta noche terminara me encontraría cara a cara con Herodes. Me aterraba, como a la nieve le aterra el hollín.

Los líderes judíos, que en su mayoría viven en el lado este de la ciudad, estaban en el proceso de tomar una decisión concerniente a mí que deberían cumplir antes de que comenzara la fiesta de la Pascua. Una vez que saliera el sol, podría ser demasiado tarde para cualquier decisión.

Los gentiles, que en su mayoría viven en el lado oeste de Jerusalén, también se enfrentarían a la misma decisión antes del mediodía de ese mismo día.

Mientras me dirigía hacia mi destino, un huerto cerca del Monte de los Olivos, lo que más me preocupaba era la intensa actividad que había en el reino invisible entre los principados y potestades.

Sin darse cuenta de la traición de esta noche, mis discípulos entraron conmigo a un huerto, un lugar al que solía venir a orar. Aquí, en este olivar, conocería los últimos momentos de libertad que iba a tener mientras estuviera en esta tierra. Me arrodillé y después caí al suelo. Mis discípulos comenzaron a orar conmigo, pero sus oraciones se fueron entorpeciendo. Poco después se quedaron dormidos.

Mientras oraba, lloré. Y mientras lloraba, una *copa* apareció ante mí.

Aunque hacía mucho tiempo que sabía que llegaría esta hora, retrocedí horrorizado por lo que vi.

"¡Padre! ¡Por favor! Si es posible, busca alguna forma para que no tenga que beber de ella."

Mientras aún hablaba, la copa se me acercó.

CAPÍTULO 2

La copa agitó a borbollones su asqueroso veneno hasta que el hedor de su contenido pareció impregnar los vientos de la tierra.

Observé cómo todos los pecados de los hijos de Abraham resbalaban hacia la copa. Vi cómo sus siglos de rebelión, idolatría, incesto, asesinato, mentiras, y engaño iban hacia la copa. Ahora los pecados de la raza hebrea eran *uno* con aquella copa.

Mis manos y rostro comenzaron a sudar sangre hasta que el suelo a mi alrededor quedó empapado.

Lloré otra vez. Clamé por liberación y grité: "¡Abba! ¡Padre!"

Mi cuerpo comenzó a temblar incontrolablemente. También mi llanto y mis gritos de terror.

Ni yo ni ningún hombre conoció jamás la intensidad de la repulsión que conocí cuando vi la maldad y la indecencia que caían torrencialmente hacia aquella copa.

De seguro habría muerto, pero se abrió la puerta del otro reino, permitiendo que un ángel viniera y me ministrara.

La imagen de la copa se desvaneció, pero volvería. Esta vez sus imágenes serían aún más grotescas.

Me levanté con gran dificultad, y me obligué a volver hacia mis discípulos. Mientras permanecía de pie, el suelo que me rodeaba quedó marcado con mi sangre.

"No pudieron permanecer despiertos conmigo ¿verdad?", les pregunté, mientras regresaba a mi sitio de oración.

Padre, permite también esto.

CAPÍTULO 3

Esta vez no eran las transgresiones de los hijos de Abraham lo que veía, sino las de los paganos.

En el inmundo brebaje de la copa veía cómo el pecado de los paganos volcaba su idolatría, su blasfemia, y todo lo abominable de que fuera capaz la imaginación de los paganos. Exclamé: "¡Oh! ¡La brutalidad del hombre contra el hombre!" Vi las batallas, las guerras, el sufrimiento, el dolor —y la pasmosa depravación de los paganos. Todo esto encontró su camino hacia la copa.

Todos los delitos de la humanidad, fueran de judíos o de paganos, se reunieron en un solo lugar y desaparecieron dentro de aquella copa.

Todo lo malo esperaba mezclarse con todo lo puro, todo lo condenable convocaba a envolver toda rectitud, todo lo que era vil y despreciable esperaba aniquilar toda santidad. Todo esperaba que yo cediera ante aquella copa.

Ahora la sangre me brotaba profusamente de la cabeza, del rostro, de las piernas y los brazos. Mi espíritu luchaba por escaparse de aquello que aguardaba para llegar a ser uno conmigo. Gracias a Dios, la copa se volvió a retirar.

Deseoso de ver a mis discípulos una vez más, me levanté con gran dificultad, y luego me desplomé. Al fin llegué hasta ellos. Viéndolos dormidos, no pude sino llorar por todos y por cada uno, aunque temía que cada lágrima que derramaba pudiera ser la última.

Sólo por la amabilidad de los ángeles pude regresar a mi lugar de oración y enfrentar lo que tenía por delante.

Tan abyectos como eran los actos del pueblo elegido de Dios, tan horrendas como eran las acciones de los paganos, todos ellos palidecieron de repente en presencia del pecado que ahora contemplaba: el pecado de las criaturas caídas del otro reino. Este momento fue solo el comienzo de la angustia.

Y entonces la copa regresó.

CAPÍTULO 4

Los judíos, sí. Los paganos, también.
Pero, oh, ¿tengo que beber la pócima
del pecado del otro reino?

Ninguna parte de mí podía captar la inmensidad del mal encarnado que estaba tomando forma ante mis ojos. No sólo me tocaba tener que mirar las iniquidades cometidas en el reino visible, sino también los actos monstruosos cometidos en las esferas de lo invisible.

La copa tembló mientras el contenido de los pecados de los caídos y execrables ciudadanos del reino invisible se vertía dentro de ella.

Con indescriptible horror vi la absoluta corrupción de esas réprobas criaturas, la inmundicia de las huestes de ángeles caídos, lo ponzoñoso de los príncipes de perdición —todo vertiéndose en el asqueroso brebaje.

"Oh, Padre —grité con dolor inenarrable—, por favor, *si es posible,* ¡quita de mí esta copa!"

Luego, con horrorizada resignación, clamé: "Pero... si no,... entonces... hágase... tu... voluntad".

Padre, permite también esto.

Me desplomé en el suelo que se había convertido en un charco de mi propia sangre. Un ángel luchó con todas sus fuerzas para detener mi muerte, la muerte de un corazón quebrantado y de un cuerpo consumido.

CAPÍTULO 5

La copa se desvaneció una vez más, y por un momento recordé un hecho que había tenido lugar en la pasada eternidad, en un tiempo anterior a la creación. Recordé un cordero; un cordero que era inmolado.

Fue inmolado por mi Padre, en la edad anterior a la eternidad. ¡Yo era aquel cordero!

Yo estaba allí en el Padre, una ofrenda hecha antes de la creación. Y ahora esa inmolación estaba a punto de unirse a la creación física, a unirse a la historia, a unirse al espacio y al tiempo.

Por un instante mis pensamientos quedaron suspendidos, tanto en la eternidad como en medio de aquel huerto de olivos. Poco a poco me encontré a mí mismo de pie ante once discípulos dormidos. Uno de ellos gritó en medio de un sueño entrecortado y luego volvió a quedarse profundamente dormido.

CAPÍTULO
6

La larga batalla por el renunciamien-
to había llegado a su fin. Mi Padre y yo
estábamos juntos en común acuerdo.

Se me había pedido que bebiera la escoria del pecado
universal. Yo me había rendido. Sin embargo, el horror de
aquello era tan grande que la posibilidad de comprenderlo
sobrepasaba al género humano. De hecho, ni siquiera la
muerte misma podía imaginar lo que me esperaba.

Una vez más sobreviví a todo ese horror sólo gracias a
la ministración de un ángel.

CAPÍTULO 7

Caifás, el sumo sacerdote, caminaba por el puente largo y angosto que comunicaba al templo con el lugar de su residencia. Este puente se había construido con el único propósito de asegurar que el sumo sacerdote no tocara ninguna cosa inmunda mientras iba desde el templo hasta su palacio. Caifás era especialmente cuidadoso esta noche en particular, porque se acercaba la hora de la Pascua.

Ataviado con sus vestiduras sacerdotales, Caifás bajó del puente al Camino de Piedras Labradas. "¿Dónde está Judas? ¿Ya viene en camino?", preguntó.

"Debería llegar en cualquier momento", respondió uno de los guardias del templo.

"¿Ya han alistado algunos soldados romanos para acompañar al resto de la guardia del palacio hasta el huerto?"

"Sí."

"Asegúrese de que los romanos mantengan su distancia de cualquiera de nosotros."

"¿Hay espadas? ¿Y antorchas? ¿Y palos, en caso de ser necesario?"

"Los tres", vino la respuesta.

"¿Y está seguro de que todos sus discípulos están con él?"

"Según se los vio por última vez."

Caifás vaciló, luego ordenó: "Si se resisten, mátenlos".

"Después que traigan aquí al Galileo, habrá quienes *deberán* testificar contra él. ¿Han sido preparados debidamente?"

"Sí, mientras estamos hablando."

"Entonces llegó la hora de encender las lámparas y las antorchas. Pónganse en marcha."

"Cuando lleguemos, ¿cómo sabremos cuál es Jesús? Estará oscuro, y él no viste ninguna ropa especial."

"Judas lo besará."

Con esas palabras, Caifás emprendió el regreso al palacio, pero se detuvo para decir: "Una última pregunta. ¿Se ha notificado a todos los miembros del Sanedrín?"

"Sí, vienen en camino. Sólo faltan dos que no podemos localizar."

"Eso no es problema. Continúen."

En ese preciso momento Judas entró al patio.

Alguien lo llamó: "Te están esperando. Ve con ellos inmediatamente. Tú deberás guiarlos hasta su lugar de oración para mostrarles cuál es Jesús".

CAPÍTULO 8

Podía sentir que el hijo de perdición ya había salido de Jerusalén y se estaba moviendo hacia el Monte de los Olivos. Y no estaba solo.

"Su hora ha llegado —musité—. Padre, entrego mi libertad, mi voluntad, mi vida y pronto mi propio espíritu".

Después de todo, esta hora había sido establecida hacía mucho tiempo.

"Padre, la copa: la beberé."

El ángel de misericordia me levantó en sus brazos una vez más hasta estar seguro de que yo podía caminar. Justo antes de partir, el ángel me limpió la sangre del rostro.

"Debo irme solo de este lugar, ángel de gran misericordia; ahora debo despedirte."

El ángel asintió con la cabeza dándome a entender que ya lo sabía y obedeció, pero no sin protestas ni lágrimas: "¿Cuándo acabará esto, mi Señor?"

"No hasta que Jonás sea liberado", repliqué.

"Rápido, retírate" —dije por última vez al ángel.

Me levanté y comencé a hablar con mi Padre.

CAPÍTULO 9

Padre, la creación de mi mano
   brotó

y las estrellas yo las formé

y en su largo recorrido a los cielos envié

bóveda inmensa que los cielos iluminó

por ellos mi gloria reflejada fue

en los estratos de la tierra el hierro esparcí

todos los árboles hice producir

de verde esmeralda la tierra vestí

sobre ese madero ahora subiré

la vieja raza de Adán terminaré

a su última página a la creación llevaré

la muerte, en su jaula yo confinaré

pronto la furia del infierno se levantará

¡un último sorbo de la amarga copa tomaré

y la paga final por el pecado recibiré!"

"Oh, Padre, desde mi llegada a este globo
    terrenal

he habitado en los confines de esta frágil
    humanidad.

Extiéndeme tu gracia sustentadora cuando
    la muerte

quiera ser libre de sus cadenas."

"padre, mezcla mis lágrimas con las tuyas."

Volví a mis discípulos dormidos y les dije: "Levántense,
la copa debo beber".

CAPÍTULO
10

Ellos se levantaron con dificultad y miraron alrededor. No veían a nadie conocido.

"¿Dónde está Jesús? Y ¿quién eres tú, si se puede saber?"

Pedro habló nuevamente a la extraña criatura que estaba de pie frente a él.

"Hombre, ¿quién o qué puedes ser? ¿Acaso eres sólo sangre? ¿O eres un muerto que ha venido a visitarnos?"

En ese instante respondí: "Pedro".

Pedro cruzó su boca con la mano y gritó: "¡Mi Señor! ¡Oh, mi Señor! ¿Realmente eres tú? ¡Estás cubierto de sangre! No reconozco ni tu rostro ni tu cuerpo".

Jacobo y Juan se unieron en la búsqueda de palabras que expresaran su consternación. ¿Cómo podía un hombre cambiar tanto en la brevedad de una hora?

Ellos no sabían que en esa hora que siguió yo había ganado el título eterno:

Varón de dolores.

Mi sudor, mi sangre y mis vestiduras habían llegado a ser una sola cosa con mi ahora irreconocible cuerpo.

Y así se cumplió la profecía que le hablé a Isaías hace mucho tiempo:

> **Pues tenía desfigurado el semblante;**
> **¡Nada de humano tenía su aspecto!**
> —Isaías 52:14, NVI

Sin hacer caso de su asombro, hice señas a mis discípulos para que me siguieran. Vacilaron, pero después me siguieron.

Juan se apretó contra mi costado. "Tuve un sueño. Vi un ángel. ¿Lo vi? ¿Fue un sueño? ¿O realmente vi eso tan extraño?"

"Ven, Juan, pronto sabrás lo necesario. Vendrá a vivir dentro de ti uno que te hará recordar este momento."

Al distinguir la tenue luz de antorchas distantes, Pedro comenzó a buscar su espada. Él no sabía que los hombres que portaban las antorchas estaban buscando una presa en la forma de un criminal.

"¿Quién vendrá a este lugar, y a esta hora?" —preguntó Jacobo.

En ese momento Juan se dio cuenta de que alguien estaba escondido en las sombras.

"Juan Marcos, ¿tu familia sabe dónde te encuentras? ¿Qué estás haciendo aquí?"

"No podía dormir —respondió el muchacho—. Cuando venía hacia aquí, vi guardias por todos lados. Creo que vienen a llevarse al Señor", continuó el joven, asustado.

"Ya han llegado —respondí—. Han venido a *mi* Getsemaní. Ustedes también lo tendrán" —pues todo hombre deberá enfrentar algún día *su propio* Getsemaní.

"El que me traiciona ha llegado."

CAPÍTULO 11

"¿Soldados romanos? ¿Guardias del templo? ¿Antorchas? ¿Linternas? ¿Una turba con palos?", preguntó Tomás asombrado. "Y son muchos. Se necesitan muchas antorchas para iluminar esta extraña oscuridad".

La multitud se acercó a mis discípulos. En ese momento, di un paso adelante.

Judas, cuyos negros ojos oteaban hacia todas partes, estaba tratando de encontrar a su rabí en alguna parte entre los discípulos. De repente sus ojos escrutadores se detuvieron. Por un largo tiempo sólo me miró fijamente. Estudió mis sandalias y después mis ojos. Cautelosamente, se acercó y levantó una antorcha. "¿Eres tú, Señor?"

Ahora seguro de que era yo, Judas se inclinó hacia adelante y me besó en la mejilla y luego en el cuello.

"¿Con un beso me traicionas, Judas?"

Padre, permite también esto.

Los soldados estaban confundidos. Sólo sabían que debían esperar a que Judas besara a alguien. "Pero seguramente —pensaron— esto es un error". La turba había venido esperando encontrar a un profeta, a alguien alto, fuerte y que no le temía a nada. Al vestigio de *este* hombre no lo pudieron reconocer.

"¿A quién buscan?", pregunté.

"Estamos buscando a Jesús de Nazaret", dijo uno de los soldados, mientras trataba de encontrarlo de un rostro a otro.

"Yo soy Jesús. Yo soy el que ustedes están buscando."

Hasta ese momento los soldados no habían reparado en el horror que era mi rostro. Asustados, retrocedieron tropezando con los que estaban detrás.

El capitán de la guardia del templo, en definitiva cumpliendo con su deber, ordenó: "Traed una cuerda".

Pedro se abalanzó.

CAPÍTULO
12

Sacando una espada de debajo de sus vestiduras, Pedro la blandió con furia. Le cortó la oreja a un desafortunado esclavo que estaba cerca. Rápidamente volví la oreja a su lugar. Había ocurrido tan súbitamente que ninguno de los soldados tuvo tiempo de reaccionar.

Mis ángeles habían rodeado el huerto de olivos y habían sacado *sus* espadas. Yo susurré a la hueste angelical: "Ustedes no deben interferir. Regresen a las cumbres y prepárense para retornar al otro reino cuando les dé la orden".

Dije entonces a Pedro: "Si necesitara ayuda, habría llamado a mis ángeles. No es el tiempo de la batalla, sino el de la copa".

Luego miré al rostro a cada persona de toda esa multitud. "¿Me han confundido con un ladrón? ¿Han venido armados como un ejército? Seguramente no es a mí a quien están buscando, sino a algún terrible enemigo de la sociedad. He estado con ustedes abiertamente en el templo, enseñando *públicamente* cada día. ¿Por qué no me arrestaron entonces?

"Les diré por qué no me han arrestado hasta ahora. Es porque no había llegado su hora. Ahora sí, pero es su *única* hora."

Fulminándome con una mirada de odio triunfal, la turba comenzó a rodearme mientras once hombres desaparecían en la noche. El último en irse fue el jovencito llamado Juan Marcos.

Y ahora la criatura más libre que jamás haya existido estaba atada y despojada de todos sus derechos y de su libertad.

Susurré a oídos invisibles: "Tinieblas, ésta es su hora. Estoy atado. Estoy en manos de mi pueblo elegido. Pronto estaré en manos de los paganos. Después de eso, me encontraré en presencia de ustedes, oh ciudadanos del infierno. El momento que tanto han esperado está aquí".

Pero ahora estaba en el lugar más peligroso que puedan imaginar: estaba en las manos de hombres *religiosos*.

CAPÍTULO 13

Un soldado entró a la herrería.

"Vengo por los clavos."

"Acabo de terminarlos, y todavía están tibios. Puede ver que algunos se parecen más a una estaca que a un clavo, como lo pidió. ¿Se van a usar en una crucifixión?"

"Sí —observó el soldado—. Los encuentro aceptables", continuó.

"¡Por supuesto que son aceptables! Los clavos que yo forjo aquí se han usado en cientos de crucifixiones, crucifixiones que van desde el mar hasta el desierto."

"Pero tengo una pregunta que hacerle —inquirió el soldado—. Ese primer juego de clavos lo ordenaron los romanos, pero los últimos los ordenó el Sanedrín. ¿Por qué el Sanedrín? Eso es ilegal. Ellos no se atreverían a matar a nadie, especialmente por crucifixión. Sólo los romanos pueden hacer eso. El Sanedrín no puede ordenar una ejecución, mucho menos una crucifixión."

"Oh, sí que pueden. Al menos cuando están tan seguros de sí mismos —contestó el herrero—. Hoy son gente muy decidida".

"También necesito cuatro vigas transversales."

"¡Cuatro!"

"Sí. Tres para unos ladrones y una para un hombre llamado Jesús. Es una especie de profeta de por aquí."

"¿Jesús?"

"El mismo."

"Usted sabe, o quizás no, que él dice ser el Hijo de Dios."

"¿Dios? ¿Cuál? ¡Los romanos tenemos muchos!"

"Nosotros sólo tenemos uno."

"¿Uno?"

"¿Pero cómo podría permitir él ser crucificado por la obra de su propia creación si es el Hijo de Dios, el que creó este hierro y que formó los árboles? Esto es lo que me inquieta de este extraño hombre."

"Bueno, pero no inquieta al Sanedrín", replicó el soldado cuando se volvía para irse.

"¿Ustedes los romanos también necesitarán estacas para las vigas transversales?"

"No. Esta vez planeamos usar un tronco. Uno que hay en el Monte de los Olivos."

El herrero cargó cuatro vigas en una carreta.

"Maldito el hombre que es colgado en un madero —musitó el hombre, preocupado—. ¿Es posible que el Hijo de Dios pueda ser colgado de un tronco?"

CAPÍTULO 14

Los guardias del templo me llevaron del
huerto de olivos a la casa de Anás, el más
anciano de los sumos sacerdotes.

Los hijos de Abraham estaban a punto de llevarme a
juicio.

"El prisionero ha llegado", informó alguien a Anás.

Mientras esperaba, oí a un siervo que decía: "¿Es Jesús
aquella grotesca figura? Si es así, entonces no vale la pena
molestarse en hacerle juicio, está virtualmente muerto".

Anás arregló sus vestiduras y vino hacia mí. Estudió
detenidamente mi rostro y luego se dijo a sí mismo: "Habrá
un corto trecho de aquí a la muerte de este hombre".

"Hijo de José y María, ¿por qué incitas al pueblo a la
traición y a la sedición? ¿Qué has estado enseñando a tus
seguidores?", demandó Anás.

Yo respondí: "No necesitas hacerme esa pregunta. Sólo
tienes que preguntarles a los que me han oído hablar".

En ese momento recibí en la boca un fuerte golpe de
uno de los guardias del templo. "¡Estás hablando con el

sumo sacerdote, criminal!" Lo que el guardia no sabía era que acababa de golpear al *verdadero* sumo sacerdote.

Las palabras de un comentario anterior de Caifás resonaron en los oídos de Anás:

"El número de seguidores de este hombre aumenta día tras día. Llegará el momento en que tratará de instaurar su propio reino en Israel. Cuando eso suceda, Roma nos quitará el estatus de nación pacífica. Luego, disolverá el Sanedrín, se apoderará de nuestras numerosas propiedades y la espada romana matará a miles de personas. Es mejor que uno muera por todos."

Después de esto, Anás me envió a la casa de Caifás, lugar donde comenzó a reunirse el Sanedrín, junto con cierto número de fariseos y saduceos.

"Ven al medio del patio, tú, a quien teme todo Israel —me llamó uno de los sacerdotes—. No es muy atractivo que digamos, ¿verdad? ¿Realmente la gente escuchó a este hombre?"

"¿Ya lo han azotado los romanos? Se suponía que no debían hacerlo, ¡no hasta que nosotros hayamos terminado con él!"

"No, no lo han azotado; tampoco los judíos", respondió uno de los guardias del templo.

"Entonces ¿qué le sucedió a este pobre tipo?"

"No lo sé. Yo lo he visto antes, pero esta noche no hubiera podido reconocerlo."

Caifás hizo una pregunta similar: "¿Está seguro de que es Jesús?"

Cuando estuvo seguro de que era Jesús, dijo al oído de uno de los guardias: "Haga que traigan a los testigos".

Durante un largo rato Caifás me interrogó. Vi en sus ojos que estaba preocupado respecto al éxito o el fracaso del plan para matarme esta noche.

No dije nada.

Trajeron a los testigos. Después de muchos testimonios contradictorios, Anás se acercó discretamente a Caifás y le dijo al oído: "Nunca convenceremos a Pilato de que este hombre debería ser ejecutado con los pocos testimonios que tenemos aquí. ¿Qué hago con los testigos que no sostienen las historias que convinimos?"

"Hay algo que puedes hacer."

"Dímelo", respondió Caifás.

"Conjúralo", le susurró un sacerdote al oído.

"Pero ¿y si miente?", replicó Caifás.

"Este hombre no miente." Las palabras golpearon a Caifás como una flecha.

Después de esto, Caifás respiró profundamente, y hablando en voz alta para que todos oyeran, pronunció: "Te conjuro por el Dios viviente, ¿eres tú el Mesías? ¿Eres el Hijo de Dios?"

Antes de responder, miré alrededor del patio y clavé los ojos en el rostro de cada sacerdote, rabí, escriba, fariseo y saduceo presente. Miré a Caifás y luego a los guardias del templo. Todos estaban nerviosos. Luego alcé mis ojos hacia las colinas cercanas donde había diez mil ángeles celestiales, cada uno con su mano sobre la espada, esperando una palabra mía. Esa palabra nunca llegó.

"Ha sido conjurado", susurró uno de los ángeles.

"¿Revelará por fin quién es?", preguntó otro.

Finalmente mis ojos se encontraron con los del sumo sacerdote. Con una calma que había sido mía a través de la eternidad, dije aquellas palabras prohibidas:

Yo Soy

"Además —continué—, viene el día en que verán al Hijo del *Hombre* volver con sus ángeles, descendiendo en una nube de gloria."

Un ángel susurró: "Señor, apresura ese día".

Al oír mis palabras, Caifás comenzó a rasgar sus vestiduras. Con fingida ira comenzó a gritar: "¡Blasfemia! ¿Acaso necesitamos más pruebas? ¡Este galileo ha testificado contra sí mismo! Ha blasfemado contra nuestro Dios. Con su propia boca ha pronunciado su sentencia de muerte. Este hereje es exactamente lo que creíamos que era, un hombre que no es digno de vivir".

Caifás se volvió y se dirigió al Sanedrín: "Exijo un veredicto. En lo que a mí concierne, estoy seguro de que este nazareno no es digno de vivir más allá de este día. Dios está con nosotros. Mi intención es ver a este hombre muerto antes de que comience la Pascua", juró.

Silenciosamente, hablé a los ángeles: "Regresen a su reino". No volvería a verlos hasta que oyera el chirrido de una gran piedra siendo removida.

La dura prueba había durado toda la noche.

Eran las 5:00 de la mañana.

CAPÍTULO
15

Mientras se pronunciaba el veredicto, algo más estaba sucediendo cerca de los montes de Judea. Un solitario sacerdote estaba subiendo por las escaleras hacia uno de los pináculos del templo. Una vez allí, se volvió al este y buscó el horizonte. Abajo estaba el patio del templo, atestado de peregrinos expectantes, mientras que los que llegaban tarde se abrían paso a empujones por alguna de las veinticuatro entradas al predio del templo.

El sacerdote continuó estudiando el paisaje, forzando la vista para ver más allá de las laderas del Monte de los Olivos, cruzando a campo abierto, hasta Betania, y más allá.

El sacerdote observaba mientras otros viajeros más, que habían venido por barco, se abrían paso para entrar a Jerusalén por la puerta *occidental*. Miró nuevamente al este. Por un momento permaneció inmóvil. En ese instante la puntita del sol se asomó en el horizonte, iluminando los montes orientales. Entonces, el sacerdote gritó: "¡El sol de la mañana!"

Desde abajo, otro sacerdote lo llamó: "¿Hasta dónde se ve la luz del sol? ¿Llega hasta Hebrón?", vino la pregunta tradicional.

"Sí —llegó la respuesta—, llega hasta Hebrón".

La multitud que estaba abajo comenzó a aplaudir. Muchos sacerdotes, al unísono, alzaron sus trompetas de plata y llenaron el aire con el fuerte sonido de los cuernos sagrados. Los peregrinos vitorearon desde abajo.

El sacrificio habitual de la mañana, que se observaba todos los días del año, comenzó. Un pequeño cordero fue conducido a una fuente de oro, para que bebiera un último trago de agua, y después lo llevaron al altar del sacrificio.

Así como ataron al pequeño cordero al altar, también ataron mis manos.

Apenas escuché mientras anunciaban el veredicto del Sanedrín. "De acuerdo con la ley hebrea este hereje debe morir". Ellos no podían darse cuenta de que ese veredicto había sido establecido hacía mucho tiempo en el pasado eterno.

Con la salida del sol y la conclusión del sacrificio de la mañana, comenzó la fiesta de la Pascua. Finalizaría a las 6:00 de la noche.

Dentro de doce horas el cordero de Pascua debería ser inmolado. Tanto los hombres como los principados sabían que yo *debía* estar muerto antes de esa hora.

Me quedaban nueve horas de vida. Éstas serían las horas más espantosas que un hombre haya vivido jamás.

Ahora eran las 6:00 de la madrugada.

CAPÍTULO 16

"¡Gillepha!"

"Blasfemo", me llamaban.

El Sanedrín, como un solo hombre, comenzó a acribillarme con preguntas. Yo no respondí una palabra.

Finalmente, el interrogatorio terminó. Luego me entregaron a los guardias del templo.

El asesinato por tortura lenta había comenzado.

"Sus soldados deben entender que este hombre debe morir antes del anochecer —ordenó Caifás—. Azótenlo, y azótenlo bien. No le tengan lástima alguna. Asegúrense de que se vea aún más grotesco que ahora. Cuando hayan terminado con el látigo, llévenlo ante Pilato".

"Creía que ya había sido azotado", murmuró uno de los guardias.

De pronto recibí un terrible golpe que me arrojó por el suelo. Y luego otro y luego otro.

Me rendí a todo lo que siguió. Una crucifixión *es*, después de todo, una crucifixión.

Los guardias del templo, todos a la vez, comenzaron a escupirme.

Otro golpe, luego otro. El pasillo estaba atestado de risas burlonas seguidas de fingida compasión. Cuando eso dejó de divertirlos, me vendaron los ojos. Una vez más, recibí un fuerte golpe, luego otro.

"Profetiza, Hijo de Dios. Dinos el nombre del que te golpeó. Ahora dinos quién está *a punto* de golpearte."

Palabras obscenas llenaron la habitación. La soga que sujetaba mis manos fue atada a un aro ubicado en la pared.

Me quitaron mis ropas.

La golpiza comenzó.

Latigazo tras latigazo, mi espalda y mis piernas se volvieron rojas. Después la piel comenzó a lastimarse. Muy pronto, me convertí en un despojo de carne desgarrada desde el cuello hasta los tobillos.

Cuando finalmente me derribaron, la golpiza y las escupidas continuaron.

Exactamente como había ordenado Caifás, de mis heridas abiertas, que llegaban hasta los huesos, la sangre manaba profusamente. Mi cara hinchada estaba herida y desfigurada. Mi aspecto distaba mucho del de un ser humano.

Mientras yacía en el suelo, pude oír que el Sanedrín tramaba el próximo movimiento. "Debemos llevar a este blasfemo ante Pilato de tal manera que él deba ordenar inmediatamente su ejecución", concluyeron.

Me arrastraron hasta ellos y me interrogaron otra vez. Esperaban hallar un cargo más grave contra mí. A ninguno de ellos le importó mi condición de torturado. La única

respuesta que les di fue similar a la última. "Me verán sentado a la diestra de Dios. De allí regresaré en las nubes."

El Sanedrín decidió unánimemente que contaban con la fuerza de los números y que marcharían juntos hasta la residencia de Pilato. Me obligaron a seguirlos encadenado.

Había sido juzgado por los judíos. Ahora estaba a punto de ser juzgado por los paganos.

CAPÍTULO
17

Cuando el Sanedrín salió a las calles de Jerusalén, se encontró con una muralla de jubilosa humanidad que bloqueaba su paso. Los guardias se abrieron camino a empujones entre la muchedumbre hasta que finalmente lograron llegar hasta la Fortaleza Antonia.

"Mi cordero. Mira mi cordero —exclamó un niño—. El sacerdote me dijo que no le halló ningún defecto."

Hacia donde mirara, la gente llevaba un cordero blanco como la nieve. La corriente de blancura fluía ininterrumpidamente hasta el templo. Todo lo que me rodeaba parecía adquirir una pureza blanquísima.

También oí el balido de los corderos conducidos al matadero.

Cuando un niño captó una vislumbre de mi rostro, gritó, y corrió aterrorizado.

Padre, permite también esto.

De pronto, oí una voz que venía de un lugar que no era de esta tierra.

"Hijo mío, has sido juzgado por mi pueblo elegido. Fuiste rechazado —rechazado por los hebreos primero. Siempre ellos son los primeros. En unos momentos serás juzgado por toda la humanidad que no forma parte de los hebreos. Al hacerlo, completarás toda la condenación de la raza de Adán. *Después de eso*, vienen aquellas criaturas que viven en lugares invisibles. Entonces el enjuiciamiento estará completo, y la salvación llegará hasta lo sumo."

La voz se fue apagando cuando llegamos al palacio de Pilato. El Sanedrín desfiló hacia el patio abierto de Pilato, para no hacerse a sí mismos impuros.

Pensé: "Me arrestan sin causa, me juzgan ilegalmente, traen testigos falsos, luego conspiran para matarme ¿y todo esto no hace impuro al Sanedrín? Así son los hombres religiosos."

"¿Por qué me traen a este hombre? Llévenselo y júzguenlo de acuerdo con la ley hebrea."

"Lo queremos muerto, y tú sabes que solamente un romano puede ordenar la muerte de un hombre."

"¿Cuál es su delito?", preguntó Pilato impaciente.

"Dice que es un rey. También incita al pueblo, diciéndole que no pague sus impuestos."

Pilato, un hombre supersticioso, sólo oyó una palabra, *rey*. Entonces me ordenó que entrara a su palacio.

"¿Eres tú alguna clase de rey?"

"Lo soy. Sin embargo, mi reino no puede verse; está arriba, en un lugar donde todas las cosas son invisibles. No obstante, soy un rey, y vine a este planeta por ese motivo."

Contado por JESÚS

Es extraño, en verdad, que en este día, la única persona que intentaría salvarme de la muerte fuera un gobernador pagano.

CAPÍTULO 18

En las horas que siguieron, cinco veces Pilato buscó salvarme del Sanedrín. Al oír sus acusaciones de que yo había alborotado al pueblo en Galilea, Pilato vio una oportunidad. Parpadeó. "¡Galileo? ¿Este hombre es galileo?" Se dirigió a uno de sus asistentes: "¿Está Herodes en su residencia de Jerusalén?"

"Sí."

"¡Ah, ja! Ese viejo depravado. Conociéndolo, seguro que está borracho— ¡y más! Rápido, envíen a este hombre a Herodes Antipas. Que *él* hable con este galileo. Indudablemente, Herodes ha oído de este hombre. ¿Quién sabe? ¡Quizás hasta sepa la verdad!"

Ante la completa consternación del Sanedrín, me enviaron rápidamente a Herodes, gobernador de Galilea.

Me resultaba difícil estar frente a este hombre. Su padre, Herodes el Grande, había enviado a miles de bebés a la muerte en la época de mi nacimiento. Y Herodes mismo había ordenado que decapitaran a mi primo Juan.

"He oído que eres todo un mago; he sabido que incluso haces milagros. ¡Vamos! ¡Dame una señal!"

Yo aparté la vista.

"Yo puedo hacer que te dejen en libertad", dijo Herodes arrastrando las palabras.

Una vez más miré para otro lado.

Herodes estaba consternado. Había deseado verme. "No voy a perder más tiempo con éste, aunque diga que es un rey."

Al oír que yo decía ser rey, un soldado me puso un manto de púrpura sobre los hombros. Ellos se mofaban y se burlaban, llamándome "¡Rey! ¡Rey de los judíos!" Cuando esto dejó de resultarles gracioso, me escoltaron nuevamente ante Pilato.

Justo cuando salíamos a la calle, oí que Herodes exclamaba: "¡Díganle a Pilato que este hombre no ha hecho nada malo!"

Al verme de nuevo, Pilato anunció: "¡Herodes coincidió conmigo en que este hombre es inocente!"

Buscando una vez más alguna salida, y desestimando la determinación que los líderes religiosos tenían de matarme, Pilato declaró: "Le daré a este hombre unos buenos azotes; después lo pondré en libertad".

Esto sólo hizo que los líderes se indignaran todavía más. Sus cargos contra mí se multiplicaron.

En medio de todas esas acusaciones en mi contra, mi silencio asombró a Pilato.

La multitud se abría paso a empujones para llegar tan cerca de Pilato como fuera posible. En ese momento, un guardia entregó un mensaje de la esposa de Pilato.

"No tengas nada que ver con este hombre inocente. Tuve una pesadilla terrible por causa de él."

Más decidido que nunca a dejarme en libertad, Pilato intentó otra posibilidad. "Estoy a punto de soltar a un hombre: un asesino e insurrecto contra Roma, o su rey. ¿Cuál les agrada?"

Pilato quedó realmente atónito ante la respuesta de estos hombres profundamente religiosos y morales: "¡Danos a Barrabás!", respondieron todos a una.

Pilato respiró trabajosamente y dijo para sí mismo: "Seguro que si muestro a ambos hombres, y la gente ve al criminal endurecido y el cuerpo medio muerto, hinchado y golpeado del campesino, el Sanedrín se calmará".

Yo tenía plena conciencia de que ahora estaba siendo juzgado ante los principados visibles. El pueblo elegido debía condenarme, y luego lo harían los paganos. Y después de eso también debería comparecer ante otro tribunal más y ser rechazado.

Barrabás levantó un puño apretado. Pilato lo asió por el brazo y exclamó: "¿Quieren que les suelte a Barrabás, o a Jesús llamado el Mesías?"

Uno de los sacerdotes gritó: "¡A Barrabás! ¡Suelta a Barrabás!"

Pilato gritó enojado: "¡Envidia! ¡Todo es por envidia! Acabo de decirles que este hombre no es culpable".

Los líderes respondieron de la misma forma: "Este hombre debe morir. ¡Todo aquel que diga ser el Hijo de Dios debe morir!"

Consciente de que no estaba tratando con un hombre cualquiera Pilato, cuando oyó la palabra *Dios*, se puso muy nervioso. Me ordenó que entrara nuevamente a la residencia y, con rostro ceniciento y voz temblorosa, me preguntó: "¿Quién eres?"

No dije nada.

Una vez más, mi silencio dejó perplejo a Pilato.

"¿No sabes que tengo la autoridad para dejarte libre o para crucificarte? ¡Di algo!"

Yo respondí: "Tú eres un oficial de gobierno, un enviado de Roma; sin embargo, no tienes autoridad alguna. Solamente tienes autoridad porque te fue concedida por mi Padre celestial".

Una vez más, Pilato intentó liberarme.

"Si sueltas a Jesús, no eres amigo del César. Este hombre dice ser rey y por lo tanto es rebelde contra el César", lo acusaron los líderes judíos.

Pilato regresó a su estrado, y una vez más comparecí ante el populacho. Pilato declaró: "¡Aquí está el hombre! ¡Lo traigo a ustedes, pero sepan que no lo he hallado culpable!"

Los principales sacerdotes fueron los primeros en gritar: "¡Crucifícalo!"

Pilato replicó: "¿Qué? ¿Crucificar a su rey?"

Con mentiras y lisonjas en sus lenguas, hombres que sentían absoluto desprecio hacia la conquista romana gritaron: "¡No tenemos más rey que el César!"

"¡No puedo creerlo! Esto se está convirtiendo en un motín."

De acuerdo con la ley romana, si se produce un motín en un territorio pacífico, el gobernador es enviado de vuelta a Roma avergonzado. Resignado ante la injusticia de esta hora, Pilato pidió una jofaina con agua. "Oigan mis palabras, Sanedrín, soy inocente de la sangre de este hombre. ¡Ustedes crucifíquenlo!"

La multitud clamó: "¡Entonces que su sangre caiga sobre nuestras cabezas!"

Los soldados me llevaron a una pequeña habitación que había en la torre llamada el *Pretorio*. Todo el batallón había venido a mirar.

Antes, cuando comparecí ante Herodes, sus guardias me habían puesto un manto de púrpura encima. Ahora, cuando los guardias romanos (cuya responsabilidad era azotarme) vieron las vestiduras reales, también se mofaron de mí respecto a ellas.

Nuevamente me desnudaron. Un soldado tomó varias ramas de espinas y las entretejió, haciendo una corona. Mientras otros vitoreaban, el soldado me clavó la corona de espinas en la cabeza, lastimándome la frente y el cuero cabelludo. Una vez más mi sangre estaba regada por todos lados.

Después me dieron una caña, declarando: "Aquí está tu cetro. ¡Reina, Rey! ¡Reina! Me arrodillo ante ti, Rey de los judíos".

Después me quitaron la caña y me golpearon con ella.

Ahora había sido azotado por los paganos así como por los elegidos. Por fin los azotes terminaron. Mi cuerpo, más que herido, era una herida en sí mismo.

Me llevaron a las celdas donde los otros condenados esperaban su ejecución.

Barrabás, cuando lo sacaban de la prisión, pasó por mi celda camino a la libertad. Se detuvo y miró. Al ver mi condición, exclamó: "¡Dios! ¿Qué le han hecho a ese hombre?"

"¿Lo que *nosotros* hicimos? —respondió un soldado—. Lo azotamos casi hasta matarlo. Pero ya se veía así de mal cuando los judíos nos lo entregaron. Sin embargo, Barrabás, puedes estar seguro de que *a ti* te veremos aquí de vuelta en menos de una semana. Apostamos a que tendremos una segunda oportunidad para crucificarte *a ti*".

Mientras empujaban a Barrabás por el pasillo, hubo un momento en que me quedé solo. Comencé a temblar violentamente.

CAPÍTULO 19

"¿Dónde será?", preguntó uno de los guardias cuando pasaban por mi celda.

"En una de las colinas que miran a Jerusalén. La que da hacia el templo. El sumo sacerdote insistió en ese lugar en particular. Dijo que lo último que vería este hombre sería la entrada del templo."

"No me sorprende. Tiene que ver con un proverbio."

"¿Un proverbio?"

"Sí, un proverbio judío. Cuando un hombre dice ser el Mesías, le dicen: 'Demuéstralo rasgando el velo del templo de arriba abajo'."

"Si puede hacer eso mientras está colgado en una cruz, yo me inclinaría a creer en él", respondió el soldado.

"¿Los van a colgar en estacas o en árboles?"

"Hay un árbol viejo muy particular allí en la cima del Monte de los Olivos. Está muerto, descolorido, y es tan duro como una piedra. Podemos colgar a los tres en el mismo árbol."

"¿Qué me dices de los patíbulos? ¿Dónde están?"

"Un herrero local fabricó los clavos y las vigas transversales."

El capitán de la guardia entró a mi celda. "Dudo que necesitemos las tres vigas hoy. Ese carpintero quizás no viva lo suficiente como para colgarlo".

Entonces el capitán de la guardia gritó a algunos de los otros soldados: "¿Qué es eso?"

"Es su túnica. Se la sacamos cuando llegó aquí por primera vez."

El capitán se quedó mirándola. "¿*Su* túnica? Nunca he visto nada parecido. No tiene costuras".

"Me la dio mi madre", respondí.

"Puede hablar", dijo el capitán temiendo siquiera mirar en dirección de mi voz.

"Después de que haya muerto pueden apostar para ver a quién le toca, pero sólo *después* de muerto, no antes. Y no se peleen por su túnica. Su responsabilidad es crucificarlo, no pelearse por su ropa. Como dije, hagan un sorteo."

Tendido en el piso frío una vez más, oí a mi Padre hablarme.

"El Gólgota se convertirá no sólo en el lugar de *tu* ejecución, hijo mío, sino también de la ejecución del pecado de este mundo. Además, la cruz del Gólgota será el instrumento para destruir toda creación."

CAPÍTULO 20

"¿Está muerto?", preguntó el soldado abriendo la puerta.

"Peor que muerto, pero sácalo. Los otros vendrán justo detrás de nosotros".

Tambaleándome, me puse en pie y me apoyé contra la pared como pude. No estaba del todo seguro de si viviría lo suficiente para ser crucificado.

Una cuadrilla de cuatro soldados entró a la fría y húmeda celda.

"Trae la viga transversal y pónsela sobre los hombros."

"Galileo, tú cargarás *tu propio* instrumento de muerte. Así acostumbramos hacer nosotros los romanos cuando crucificamos a un hombre. Para que sirva de advertencia a todos los espectadores."

"¿Entiendes que estás siendo llevado a la cruz?", preguntó un soldado, no muy seguro de que yo pudiera oírlo.

"Sí —respondí—. He entendido los caminos de la Cruz durante mucho tiempo".

"¿Puede cargarla?"

"¿Y eso qué importa? ¡Este látigo se asegurará de que lo haga!"

"¿Un látigo puede hacer que un hombre muerto camine?", replicó el otro soldado.

Me condujeron por el pasillo hacia la luz del día. El resplandor del sol era insoportable. "Ésta no era una hora para ver luz", me oí decir.

Me arrodillé mientras me colocaban la astillada viga sobre los hombros. Me costaba mucho mantener el equilibrio. No tenía fuerzas para levantarme. Entonces vino el látigo. Luego otra vez. Y otra vez.. Finalmente, gracias a la misericordia concedida desde otro mundo, logré mantenerme en pie. El resplandor de la mañana no me dejaba ver el camino que me conduciría a una colina y en ella, a un lugar llamado La Calavera.

Así la viga con mis manos ensangrentadas.

Los guardias me hicieron rodear los muros de la ciudad hasta que llegamos a la puerta occidental, desde donde nos dirigimos hacia el Monte de los Olivos.

"La muchedumbre es muy densa, se quejó uno de los guardias, pero se abrirá cuando oigan sonar mi látigo".

Después oí el chasquido de un látigo romano que cortaba el aire. La multitud se replegó.

Pero por un momento llegué a ver hasta Betania. Cada familia llevaba un cordero sin defecto, blanco como la nieve.

Un momento después, pasé delante de un grupo de mujeres que me esperaban a un costado del camino. Lloraban incontrolablemente.

"No deberían llorar por mí —les dije—. Han hecho esto cuando el árbol aún estaba verde; piensen en lo que harán cuando esté seco."

"Apártenlas", ordenó uno de los soldados.

"Nunca llegará hasta la cima de esa colina —refunfuñó uno de los guardias—, especialmente si tiene que abrirse paso entre la multitud".

Me caí otra vez.

"Busca a una o dos personas que ayuden a este judío, de otro modo tardaremos horas en llegar hasta la cima de esa colina."

"Ustedes dos, ahí, vengan aquí", gritó el soldado.

Uno de los hombres levantó la vista aterrorizado.

"Levanta esa viga y sostén a ese hombre. Arrástralo hasta la cima de aquella colina", ordenó el soldado.

El hombre protestó: "Yo no voy a tocar *eso*, ¡aunque me golpees!"

"Pero si ni siquiera eres judío. Te dije que lo levantes."

"Judío o gentil, tengo normas. No voy a tocar... eso... lo que sea que fuere."

"¡Ja! Se supone que los judíos no deben tocar a los gentiles. ¡Aquí tenemos a un gentil que no quiere tocar a un judío!"

"¡Tú! El otro. Levanta a este hombre."

El soldado levantó su látigo.

"El látigo no es necesario —dijo una voz suave pero firme—. Yo lo ayudaré".

"No es muy útil sobresalir en una multitud, ¿verdad? —reprendió el soldado—. ¿De dónde eres?"

"Soy de Cirene".

Después se agachó para ayudarme a ponerme en pie.

"Yo llevaré su cruz", agregó.

"¡No, no lo harás! Eso está prohibido. Para salvarse de cargar su cruz antes deberá morir. Pero puedes ayudarlo."

"¿Cómo te llamas?", pregunté.

"Soy Simón llamado Níger. Soy de Cirene."

Luego, se inclinó y asió la viga de madera. El soldado me obligó a ponerme de pie.

"¿Níger? ¿Simón de Cirene?", dije, mientras avanzábamos penosamente.

"Señor, ¡tú no me conoces?"

"¿Simón de Cirene?", pregunté nuevamente.

"¿Entonces *sí* me conoces?"

"Sí, te he conocido desde siempre".

"Pero yo no te conozco", parpadeó.

"¿No tienes dos hijos?"

"Sí", respondió el hombre asombrado.

"¿No se llaman Alejandro y Rufo?", inquirí.

"Entonces *sí* me conoces —respondió Simón con incredulidad—. ¿Cuándo nos conocimos? Yo no te recuerdo. ¿Cuánto hace que dices que me conoces? ¿Cuánto hace que te conozco?"

"Nos conocimos hace mucho, mucho tiempo, antes de la fundación del mundo".

"De aquí a unas semanas comenzarás a seguirme. Unos años después, huirás de esta ciudad por causa de la persecución. Viajarás hacia el oeste hasta llegar al mar. Entonces tú, tu esposa y tus dos hijos me proclamarán a los paganos".

"Señor, tú debes estar loco".

"Quizás —respondí—. Esperemos a ver qué pasa. Llegará un día en que recordarás mis palabras".

Simón miró mi rostro cubierto de cicatrices, y allí, a pesar de su incredulidad, creyó.

Una vez más, le hablé: "Simón, de hoy en adelante siempre seré un huésped, no en tu casa, sino en tu corazón".

Sin entender lo que acababa de decir, pero sabiéndolo de algún modo, Simón levantó deliberadamente la viga y comenzó a avanzar.

El guardia se quedó mirando.

Con calma, Simón habló al guardia: "Si levantas el látigo otra vez, deja que los azotes caigan sobre mí".

El soldado, no acostumbrado a un desafío frontal como ése, dejó caer el látigo hacia su lado.

Doce soldados, tres hombres juzgados dignos de muerte, y un recluta africano avanzaban lentamente hacia la cumbre de una colina.

Al fin llegué al Gólgota.

Me volví para ver el templo. También vi el patio del templo lleno de familias que llevaban un cordero para el sacrificio.

Como la mayoría de la gente, Simón ya había sido testigo de la forma en que los romanos realizaban las ejecuciones. Al llegar a la cima de la colina, Simón dejó caer la viga en el suelo y luego me colocó al lado. Ambos sabíamos lo que pronto seguiría.

Como Hijo del Hombre, ahora me tocaba a mí apurar el drama. Hablé a los cielos y más allá:

"Esta es su hora, poderes de las tinieblas. Prepárense para venir aquí cuando se los ordene. Me han juzgado los judíos. Me han juzgado los paganos. Ahora es su turno."

Era casi mediodía.

CAPÍTULO 21

"Aquí están dos de los criminales. Es hora de comenzar."

"Ustedes dos, ubíquense cada uno al lado de su viga. Ahora acuéstense sobre ella y extiendan los brazos."

"¿Y qué pasa con el tercero que está ahí?"

"No te preocupes por él. Estará muerto antes de que le lleguen los clavos."

Después de eso, los doce soldados desenvainaron sus espadas y formaron un semicírculo alrededor de sus tres prisioneros. Era una señal para todos los presentes de que por ninguna circunstancia debían interferir con las ejecuciones. Cualquiera que se atreviera sería muerto al instante.

Nuevamente me quedé mirando el pedazo de madera. "Mi Cruz —dije débilmente—, sólo eres un pedazo de madera, pero estás a punto de destruir a la creación misma."

Una vez más, hablé al reino invisible: "Encontrémonos aquí, principados y potestades. Vengan. Es su destino encontrarse conmigo en mi Cruz".

Después hablé a la ciudad, allí abajo: "Jerusalén, tantas veces mataste a tus profetas".

Después vi el templo. Vi la entrada cubierta que impedía ver las cámaras sagradas. Y más allá, el velo. Más allá del velo, el Lugar Santísimo. Lo último que divisarían mis ojos no sería el Lugar Santísimo, ¡sino el Arca misma! Después de mi muerte posaría mis ojos sobre otra puerta, la que separa al cielo de la tierra. Después de este día, la separación ya no existiría más.

Luego busqué en las colinas circundantes, porque allí transcurría otra escena más. Por fin divisé al *chivo expiatorio,* totalmente solo a un lado de la colina, atado a un pequeño altar.

"Óyeme, chivo expiatorio —dije—. En este día tú y yo fuimos sacados fuera del campamento. Tú el símbolo, y yo el verdadero *chivo expiatorio.* Tú estás atado a un altar y no puedes moverte. También yo estoy a punto de ser atado a mi altar".

Habiendo dicho eso, me acosté sobre la viga y extendí los brazos.

Padre, permite también esto.

Los soldados se quedaron mirándome. En todas sus experiencias de ejecutar hombres, nunca habían visto que la víctima extendiera los brazos por propia voluntad para recibir los clavos.

Era yo y sólo yo quien accedería a ir a la Cruz. Abrí mis palmas.

El soldado se detuvo, esperando que me resistiera. Pero mis brazos y mis manos simplemente esperaban.

"Así es como todos los hombres deberían recibir la Cruz", susurré.

"Un loco, eso es lo que eres", gruñó el soldado.

"¿Loco? —preguntó Simón—. ¿Hay algún hombre que frente a la crucifixión haya afrontado su destino con tanta dignidad?"

El cielo comenzó a oscurecerse.

Simón observó los cielos. "Ésas son las nubes más negras que haya visto jamás. Parecen venir de algún otro mundo. Siento que algo espantosamente antinatural está ocurriendo". Se estremeció: "Es como si toda la maldad de los tiempos y la eternidad estuviera yendo hacia esa colina".

"¿Cuál es su delito?", preguntó Simón.

"Hasta donde yo sé —respondió uno de los soldados— el mayor crimen que este hombre ha cometido es tallar una silla y hacer una mesa."

"No entiendo."

"El hombre que estoy a punto de clavar a ese pedazo de madera es un paisano de la campiña, de Galilea. Es un carpintero."

"Por todos los dioses —murmuró uno de los guardias recién llegados, llevándose la mano a la boca—, ¿*ése* es el hombre que vamos a crucificar hoy? He oído de él. Lo he visto. ¿Se dan cuenta de que quizás estemos ejecutando a un rey, a un verdadero rey?"

"No importa, los reyes mueren de la misma forma que los ladrones. Es la primera vez que crucificas a alguien ¿verdad, soldado?"

"Sí, pero tengo la sensación de que no será la última."

"Mira el templo de los judíos. ¿Ves toda aquella gente? Nosotros los estamos mirando a ellos, ¡pero ellos también nos están mirando a nosotros! A las seis de esta tarde van a sacrificar un enorme número de corderos. Francamente, hasta entonces seremos el suceso más importante del día. De aquí podrás ver muy bien cómo festejan la Pascua, y de allí ven muy bien cómo nosotros matamos a un hombre."

"Mirar cómo este hombre muere de una muerte horrible puede ser más interesante para ellos que sacrificar un cordero."

En ese momento se oyó un fuerte grito. Uno de los ladrones, tratando de demorar su ejecución, exclamó: "¿Quién es ese hombre que está allí? ¡Para mí no se parece a Barrabás! No se parece a nada. ¿Dónde está Barrabás? Debería estar muriendo junto a mí. Y esa cosa que está a mi lado, ¿es un ser humano?"

"Barrabás está libre."

Palabras blasfemas cortaron el viento. "¿Salió libre otra vez?"

"Sí, gracias a éste que va a morir con ustedes, Barrabás se escapó. Pilato lo dejó libre. A decir verdad, este hombre fue el que puso en libertad a Barrabás."

"¿Quién es este hombre que puede poner en libertad a otro?"

"Quienquiera que sea *no puede* librarte *a ti*", se burló el soldado".

"¿Cómo se llama?"

El otro ladrón se unió a él. "Sí, ¿quién es él? Soy muy pretencioso respecto a quién muere conmigo".

Los guardias romanos se rieron del macabro humor del ladrón. "Quienquiera que sea, y lo que fuere que le hayan hecho, su propia madre no lo podría reconocer ahora".

"No es verdad —se oyó la dulce voz de una mujer mayor que estaba de pie cerca de allí—. Lo reconozco, y sé exactamente quién es", agregó.

"¿Qué fue lo que hizo, asesinar a alguien?", continuó el ladrón.

Otro soldado respondió: "Este criminal cometió un delito más grave que todos ustedes. Ustedes sólo robaron y mataron. Éste dice ser el Hijo de Dios. Peor aún, desafió a las instituciones. Ningún hombre debería ser tan imbécil".

El ladrón preguntó otra vez, desafiante: "¿Quién es este hombre?"

"No importa. Sólo necesitas saber que morirá de la misma forma que ustedes. Si es un rey, morirá; si es un perro, morirá; si es un judío, morirá; si es gentil como ustedes, morirá. Si es Dios mismo, igualmente morirá. Ahora, ustedes dos, acuéstense o los derribo de un golpe."

En ese preciso momento un soldado a caballo irrumpió en la escena. Al ver una ultima oportunidad para evitar los clavos, el ladrón preguntó al jinete: "¿Qué delito cometió este hombre?"

"La semana pasada era un héroe. Decenas de miles de personas salieron a saludarlo al camino de Betania. Arrojaban ramas de palmera delante de él. Eso fue la semana *pasada*. Esta semana pasó a ser el enemigo de Israel y de Roma."

Uno de los ladrones me miró y exclamó: "Hombre, ¿qué hiciste *esta* semana?"

"Dijo ser el Mesías. El problema es que, para muchos, realmente demostró serlo. Ahora, obedece mis palabras o te daré de latigazos."

Los dos ladrones comenzaron a forcejear. A ambos los empujaron al suelo, los forzaron a extender los brazos y los ataron a la viga de madera.

Mientras tanto, yo seguía esperando. Yacía sobre una cruz a la que mi Padre había dotado de poder para aniquilar el universo.

Uno de los soldados se me acercó y comenzó a examinarme la mano y la muñeca.

"¿Simón?", dije en voz baja.

Níger se arrimó a mi lado.

"Estoy a punto de ser crucificado, pero sucederá algo más que tú no podrás ver. Dentro de un rato abandonarás esta colina y regresarás con tu familia, pero a los ojos de mi Padre tú serás uno conmigo en esta cruz. En la opinión de mi Padre (y es la única que cuenta en este asunto) tú serás crucificado conmigo."

"Pero dijiste que dentro de unos días yo sería uno de tus seguidores. No puedo hacer eso y también morir hoy."

"A los ojos de Dios eso *sucederá*. Tú *serás* crucificado conmigo, pero continuarás viviendo. A partir de ahora no vas a vivir según la vida humana; vivirás según la vida divina. La vida de mi Padre vivirá tu vida."

Así terminó la conversación. Habían comenzado los procedimientos para la crucifixión.

Después vinieron los aullidos de hombres en cuyas manos se martillaban clavos para luego atarlas a la viga transversal. Los dos hombres aún seguían dando gritos de espanto cuando los soldados afirmaron las escaleras y los subieron al madero. A uno lo clavaron mirando hacia el norte; al otro, hacia el sur.

Los juramentos y las blasfemias continuaron. El peso de ambos hombres no estaba suspendido más que de esos clavos. Si era posible algo más espantoso, se oyeron gemidos todavía más horribles de cada hombre cuando un único clavo le atravesó ambos pies. Cada hombre tenía entonces sus pies y piernas firmemente ligados al madero.

Muy dentro de mí clamé en silencio: "Oh, Padre mío, no permitas que mi voluntad entorpezca lo que está por suceder."

Mientras un soldado me apretó la muñeca, otro sujetó el clavo. Luego vino el ruido sordo de un martillo golpeando con fuerza el clavo que me traspasó la muñeca. La sangre saltó a chorros sobre los maldicientes soldados, cruzando mis brazos, y sobre mi rostro.

Tan silencioso como un cordero que es llevado al matadero, no abrí mi boca.

"No se resiste. Esto es algo que yo nunca he visto."

Una vez más sentí al soldado, que examinaba mi otra muñeca.

Nuevamente se oyó el sonido de carne y tendones desgarrados. Una vez más mi sangre salió a borbotones sobre los guardias romanos.

Los gemidos de los dos ladrones que ahora estaban crucificados seguían llenando el aire, como también sus maldiciones contra el hombre y contra Dios.

"¡Cállate, ladrón! —gritó uno de los soldados—. Siéntete contento ya que estás por morir con Dios".

CAPÍTULO 22

Ahora tenía ambas manos firmemente atadas al palo transversal. Había llegado el momento de que me izaran en el poste.

"Afirma las escaleras", dijo alguien.

Comenzaron a jalar el palo transversal hacia arriba. Por un momento largo e insoportable, quedé suspendido en el aire. Finalmente ataron la cruz al madero.

"Cuélguenme del lado oeste del poste", pedí.

"¿Qué dijo?"

"Quiere que lo colguemos mirando al templo."

"No es mucho pedir para un moribundo. Cuélgalo del lado oeste."

Como el cordero elegido que ahora es llevado al templo para el sacrificio, no pronuncié una palabra.

Para asegurarse de que los clavos de mis muñecas aguantarían, tomaron una cuerda y ataron mis brazos, y luego ataron el palo transversal al madero. Sentí que dos soldados me juntaban los pies, apretándome las piernas, talón sobre talón.

"Alcánzame aquel clavo más largo y el martillo."

Sentí que la púa era presionada contra mis tobillos.

"Esta vez vas a gritar, profeta", gruñó uno de los soldados.

El soldado golpeó el clavo repetidas veces, desgarrando la carne poco a poco, hasta que traspasó un talón, y luego el otro, y se clavó en el poste.

Yo gemí débilmente.

"Un rey tan manso—dijo uno de los soldados—. No me sorprende que le temieran de tal manera".

Mis piernas quedaron entonces sujetas al poste.

Ahora era la serpiente de bronce levantada para curar a toda la humanidad.

Los soldados estaban a punto de bajarse de las escaleras cuando el guardia a caballo les ordenó que esperaran. "No hemos terminado aquí. Tomen esta tabla de madera, es un cartel que Pilato mismo escribió. Clávenla sobre la cabeza del judío. Asegúrense de que todos la vean claramente".

Uno de los soldados clavó los ojos en la tablilla.

"Está en tres idiomas."

"Sí, *tres*."

Entonces el soldado clavó el cartel de madera al poste.

"Un crimen indecible", dijo en tono de burla.

Todos los que estaban allí cerca comenzaron a leer el cartel.

Jesús de Nazaret — Rey de los Judíos.

Satisfecho, el soldado habló nuevamente: "Hace un rato, cerca del patio de Pilato, los líderes judíos protestaron por las palabras que había escrito. Querían que se leyera: 'Pretendió ser rey de los judíos'. Pilato no quiso oír más y respondió enfáticamente: "Escribí lo que escribí".

"¿Qué dice el cartel?—exclamó uno de los ladrones—. ¿Qué dice?—exigió saber".

"Dice que estás muriendo al lado de un rey israelita."

CAPÍTULO
23

Ahora el sol estaba alto sobre las montañas orientales. Desde los muros que rodeaban el templo un sacerdote gritó a los peregrinos: "¿De dónde han venido ustedes?"

"Han venido desde los confines de la tierra", era la respuesta tradicional.

Justo después de eso, Caifás salió de su residencia y miró hacia el Monte de los Olivos para asegurarse que todo estaba saliendo de acuerdo con su plan.

"Lo último que verás será la entrada del templo, quizás también la cortina de la puerta —dijo en voz baja, hablando para sí—. Veamos si puedes rasgar el velo sagrado de arriba abajo. Veamos si puedes abrir al camino hacia el Lugar Santísimo".

CAPÍTULO
24

Sólo ojos capaces de ver lo que no puede ser visto podían conocer el drama que comenzó a desarrollarse seguidamente en la colina. El tiempo detuvo su marcha. La materia, el espacio y el tiempo hicieron un alto. Ahora yo contemplaba la concurrencia de criaturas que los ojos del hombre no pueden ver.

La nube que se cernía sobre el Gólgota se tornaba cada vez más espesa y presagiosa.

Por todas partes me rodeaban imágenes, tipos y símbolos. La Pascua, el templo, el cordero: todos ellos no habían sido más que una sombra de mí. Las tinieblas reunidas dejaron en claro que las sombras, los tipos y los símbolos estaban a punto de encontrar su cumplimiento.

Los perniciosos ciudadanos de perdición habían llegado. Oí una voz. La conocía bien.

CAPÍTULO 25

Desde el abismo de oscuridad oí una voz, tan hermosa como la voz de un ángel. "Monstruos caídos de los mundos invisibles, vengan a mí", ordené. El primero de los tres a quienes llamé se presentó ante mí.

"Carpintero", fluyeron las suaves palabras.

"Te conozco. Tus esclavos son innumerables", respondí.

"Sí —contestó la cautivante voz del Sistema Mundano. ¿Debería sorprenderte? Soy el poder de todos los sistemas."

"Tú eres el Sistema Mundano encarnado —lo reprendí—. Eres el principal opresor de toda la humanidad."

"Carpintero, tú me conoces bien. Yo surgí poco después de la caída de Adán. Sus descendientes no tenían otra alternativa que venir a mí, puesto que habían perdido el favorecido estado de comunión contigo. Y no te olvides, tú fuiste el que obligaste a Adán a salir del Jardín del Edén. Se necesitaba algo para llenar el vacío. Me di cuenta de que era mi deber ayudar a esas almas abandonadas. Sólo por decisión de ellos puedo esclavizar a todo hijo de Adán que haya nacido jamás.

"Ah, pero lo mejor de todo, ellos no saben que están encadenados. Proclaman libertad al mismo tiempo que arrastran sus grilletes por la vida."

"¿Por qué estás aquí, mundanalidad?", pregunté.

"Ah, he venido a verte morir. Y al morirte, quiero que sepas que a partir de ahora el sistema completo del mundo tomará en sus garras la esclavización de la humanidad entera—*¡para siempre!*"

"Tu belleza sólo es momentánea. Además, es solamente para los ciegos."

"¡Ah, pero mis adornos y oropeles son tan seductores! Los hombres no pueden esperar para poseerlos.

"Oye esto bien, Carpintero, después que estés muerto, *tu reino está vencido.*

"Se pasan la vida tratando de encontrar felicidad y aprobación y, oh, cómo envidian al falso dios del éxito. Al mismo tiempo que lo persiguen, enlazan sus propias cadenas. Tontos y esclavos, siempre en busca del esquivo narcótico del éxito.

"¡Míralos! ¡Mi inmensa galera de esclavos! Trabajan toda la vida para mí, pero sus riquezas no son más que andrajos. Un sistema dentro de otro sistema, siempre obligatorio y continuamente decepcionante. Hermosos, todos son tan hermosos, las promesas, los sueños y las esperanzas seductoras. Yo soy las promesas falsas. Pero ellos corren hacia mí ansiosamente, por incontables generaciones.

El espíritu del mundo se rió con la satisfacción que solamente conoce un amo de esclavos cuando atrapa su presa. "Se quejan cuando descubren que mis promesas son falsas, pero nunca me culpan. ¡Ja! Y se quejan con la misma amargura cuando las riquezas llegan. La riqueza, el poder, la fama y la adoración es lo que ansían, pero la esclavitud es la cáscara que les sirvo en cada fiesta.

"Coronas marchitas. Felicidad esquiva. ¿No sabes, Carpintero, que esta raza que voluntariamente creaste, con mucho gusto vendería su alma por un momento de adulación!

"Pero la conquista que más deseo es la que me trae aquí en esta hora. Con tu muerte, morirá toda amenaza de competencia. Muérete, Carpintero, y en un momento mi sistema invadirá toda la creación. Yo seré el esclavizador de todos. La verdadera libertad se esfumará de la memoria de la humanidad. Todos los hombres estarán atrapados en la red de los sistemas de este mundo. ¡Yo seré el único 'estilo de vida'! La tierra no será más que una cárcel, y la civilización será mi base de sustentación.

"Pobre Hijo de Dios, viniste aquí a la tierra hace treinta años, creyendo que entre los redimidos surgiría un pueblo fuera de mi sistema. ¡Has fracasado! Oh, pálido Carpintero, mira a tu alrededor. ¡No existe tal pueblo! Tus esperanzas de una nueva ciudadanía, de algo además de la civilización —algo así como una nueva nación fuera de mi sistema— han quedado truncas. Soñabas con una nueva especie que viviría un nuevo estilo de vida que me reemplazaría a mí. Ese sueño muere aquí. Ahora ¡bebe la copa! ¡Haré que el velo de mi resplandeciente belleza te envuelva a ti y a todos los ciudadanos de la tierra! ¡Mira lo que le espera al planeta que creaste: cadenas de oro, una cárcel con celdas enjoyadas y con sus muros tachonados de diamantes! Nadie podrá escapar de mi pirámide de sistemas. No existirá ninguna comunidad de los redimidos en la que pueda hallarse refugio."

Finalmente respondí: "Dime, Mundo, ¿quién te gobierna? ¿Quién es tu señor supremo?"

"Oh, con perverso gozo pronuncio gustosamente su nombre. Engañador, el más grande de todos los engañadores. Oh, mi amado satánico. Él es cabeza de todos los gobiernos. Él gobierna todos mis sistemas."

"Que se presente", ordené.

Oí la voz suave y a la vez socarrona de la más caída de todas las criaturas caídas.

"Aquí estoy, Carpintero. Y yo también he venido para verte morir. ¡He venido para arrebatarte tu trono!"

Yo respondí: "¡No! ¡*Yo* te ordené venir aquí! Tus lastimosos poderes se terminan en la presencia de mi autoridad. ¿*Tú* has venido por *mí*? Además, gran engañador, hay una palabra que quiero que pronuncies".

"¿Cuál sería esa palabra, Hijo de Dios?"

"Es un término simple, pero no puedes decirlo. Llámame *Hijo del Hombre*."

Sólo hubo un resonante silencio.

"Sabes que no puedes llamarme por ese nombre, engañador."

"Hace mucho tiempo, en un jardín, un hombre fue enviado a gobernar la tierra. No era rey, no era un dios, sino un hombre común y corriente. Él era quien debía acabar contigo."

"Sí, y yo me llevé a ese hombre", vino la nerviosa respuesta.

"Nadie sino *un hombre* puede acabar con tu reino —y ese otro hombre ha venido."

"Es verdad, Carpintero, pero mira a tu alrededor. Una vez más he logrado sacar ventaja. ¡Hoy tú morirás tan

seguramente como que aquel primer hombre cayó; no importa que seas el Hijo de Dios!"

"Aún no vas a decirlo ¿no, Lucifer? Esta creación pertenece a un hombre, no a un ángel, y ciertamente no a un ángel *caído* como tú. *No puedes* llamarme Hijo del *Hombre.* Un segundo hombre, una nueva clase de hombre, incluso una nueva especie de hombre, ha llegado a este planeta para traer su reino sobre esta tierra. ¡Un hombre, nacido de una doncella judía, ha venido aquí para derrocar tu reino usurpador!"

Lucifer retrocedió en silencio. Entonces, cambiando su conducta, exclamó: "¡Hoy, Dios, te mataré!"

"No, este hombre único elegirá su muerte y te destruirá a ti —y a tu tenebroso reino."

"Voy a buscar la manera de destruirte, Hijo de Dios."

"Yo, el Hijo del Hombre, he *encontrado* una manera de destruirte. El instante de tu destrucción será aquí en esta colina."

"Ahora voy a llamar a otro para que venga aquí, Lucifer. El que viene es alguien que conoces bien.

"¡Que se presente el propio Pecado!"

CAPÍTULO 26

"Yo, el Pecado, también he venido para verte morir, pero más que eso. Tú eres la única alma a la que jamás he tocado. No solamente nos encontramos este día, sino que soy el único que puede darte fin. He venido a ti, Carpintero, para que trabajes para mí en ésta mi hora. He venido a hacerte mi empleado."

"Jamás he trabajado para ti —respondió el Carpintero—. Y tampoco viniste aquí tú solo. ¡Yo te llamé aquí!"

"Es verdad, es verdad —chilló el Pecado—, pero en este día trabajarás para mí. Y voy a pagarte bien, voy a pagarte muy bien", aulló histéricamente.

Con una voz rebosante de deleite, el Pecado continuó: "¿Qué doy en pago? ¿Cuál es el salario? Oh, mi paga es tan gloriosa. No pago con plata, tampoco con oro ni diamantes".

"Pago con *muerte*", continuó un embelesado Pecado.

"Todos han trabajado para mí excepto *tú*. ¡Todos! Y a todos les he pagado el mismo salario. Al fin, también tú trabajarás para mí, ¡incluso en esta hora!", se oyó la voz del pecado, sobrecargada de deleite.

"Pero hasta que no trabaje para ti, no podrás darme muerte, ¿no es así, Pecado?"

El Pecado, como Lucifer, quedó en silencio.

"Se encontrará una manera, ¡y será hoy! —dijo entre dientes el Pecado—. Tú pecarás. Entonces traeré a la muerte a ti y te pagaré tu salario completo."

"No, no voy a tratar contigo en cuestión de *pecados*. Si voy a tratar contigo, no será con algunos pecados, sino con *todo el pecado*."

Se oyó otro grito de histérico deleite. "¡Sí! ¡Oh, sí! Entonces hazlo. Hazlo ahora, Carpintero. Júramelo. Dime que vas a tratar conmigo que soy *todo el pecado*. Todo el pecado de toda la humanidad. Todo el pecado que haya existido antes o después —sobre la tierra, debajo de la tierra, encima de la tierra, encima de los cielos, y en todos los reinos de todos los principados y potestades. ¡Con gusto te entregaré mi presa para ver cómo te conviertes en *mí*!"

"Ahora óiganme, Pecado, Lucifer, Mundo. Este día he tratado con los hebreos. Este día he tratado con los *paganos*. Ahora es momento de que trate con ustedes, ciudadanos de las tinieblas, clan infernal."

El que estaba frente a mí ahora era el pecado encarnado. Yo ordené: "Tú, fuente de toda iniquidad, ven aquí y escúchame".

Nuevamente se oyó un grito de deleite.

"¡Sí —respondió el Pecado—, nosotros, los enemigos de Dios, esperamos tu fin! ¡He aquí todos los que una vez más hemos frustrado el propósito del Carpintero!"

Entonces me dirigí al ángel caído. "Acércate, Lucifer. Hace mucho tiempo fuiste mi servidor. Ahora no eres más que el capitán de los condenados, y no esperas más que tu propia condenación. Mentiroso de mentirosos, príncipe de toda tiniebla, gobernador de los sistemas de este mundo, cabeza de toda religión, gobierno, ciencia, moda, educación y comercio —te jactas de haber destruido al *hombre*. No es así, porque es un hombre el que te ordenó venir aquí. Se descubrirá que eres el gobernador de *nada*".

"Mundo, acércate. Tú eres aquel que le tiende al hombre sus primeras trampas. Eres el forjador de sus cadenas. Tráelas aquí. Antes de que dé mi último suspiro, esas cadenas te atarán a ti.

"Vengan a mi Cruz. Cada uno de ustedes anunció que había frustrado mi propósito. Están congregados aquí para cantar su discordante canción de victoria y para danzar sobre mi tumba.

"He aquí, ahora llamo a alguien más a comparecer ante mi Cruz."

Lucifer se volvió y comenzó a reírse.

"¡Lastimoso Galileo! —respondió Lucifer con sarcasmo mordaz—. ¡Vas a llamar a tu fracaso más grande! Vas a traer aquí tus intentos fallidos por salvar al hombre. ¡Jamás se ha visto fracaso semejante! Vas a ordenar que vengan a este lugar tus esfuerzos por traer redención a la humanidad. Tus intentos fallidos sólo provocaron las peores frustraciones de los hombres. Que la última cosa que veas, Carpintero, sea tu trágico esfuerzo por erradicar el pecado de la raza humana."

Ignorando los torrentes de sarcasmo del príncipe de este mundo, exclamé: "¡*Ley*, preséntate!"

"Ley, toma tu lugar ante mi Cruz."

CAPÍTULO 27

La Ley se presentó.

La Ley —severa, fría e inflexible— vino ante mi Cruz.

Pero fue el Mundo el que habló: "Los hombres se esforzaron de tal manera para vivir de acuerdo con tus exigencias, Ley, y la mayoría no sólo salió derrotada, sino también desalentada. ¡En su derrota encontraron descanso en mí, el Sistema Mundano!"

Yo dije: "Ley, ven y tráeme tus listas interminables de lo que el hombre debe o no debe hacer".

El Mundo dijo con sorna: "Cuanto más se esforzaban por hacer esas buenas obras, tanto más atraídos se sentían a hacer lo opuesto".

"Diez cosas que no se deben hacer", se mofó Satanás. Y con sorpresa fingida, agregó: "¡No, diez no! *Seiscientas trece* cosas que un hombre debe o no debe hacer jamás! Y, no nos olvidemos de las lunas, los meses, los días, las festividades y el sábado. Todas estas cosas eran necesarias para la salvación del hombre."

"Sí —interrumpió orgullosamente el Pecado—, pero la fuerza de los pecados era mucho mayor que la de todas aquellas exigencias".

Habiendo dado su opinión, les recordé una cosa de la que no habían hablado. "Ustedes, enemigos de la raza de Adán, ¡se olvidaron del cordero!"

Lucifer se quedó callado. Yo continué: "Ni siquiera la muerte pudo traspasar la sangre del cordero pintada en el dintel de la puerta".

"Es verdad, Carpintero —pregonó el Pecado—, pero no olvides que mi hija, mi *pariente*, llegará aquí en un momento. Entonces veremos quién tiene la victoria final. Como todos los corderos antes que tú, Carpintero, ¡tú también morirás cuando llegue la Muerte! Entonces todos tus débiles esfuerzos morirán contigo."

CAPÍTULO 28

"Tengo una pregunta para ustedes, a quienes he llamado a este lugar. ¿Se han dado cuenta de quiénes son?"

"Somos tus enemigos —anunció el Pecado—. Y estamos aquí para verte morir."

"No tengo enemigos aquí", respondí.

Los presentes ante mi Cruz no entendieron lo que les dije.

"Aquellos de ustedes que están aquí nunca han sido *mis* enemigos. Ustedes son enemigos de la *humanidad*. Ustedes son los que distrajeron a la raza de Adán. ¡*Nunca*, ni siquiera por un *momento,* ninguno de ustedes ha sido *mi* enemigo!"

"Pero *sí* tienes un enemigo", corrigió el Pecado.

Después, el Pecado sintió que se acercaba una horrible criatura.

"Sí, tú tienes un enemigo, Carpintero, ¡y se acerca en este mismo momento! ¡La Muerte está cerca!"

"Sí, repliqué, la muerte está muy cerca."

"¡Ven, Muerte!", gritó el Pecado. Luego pregonó a voz en cuello: "¡Aquí viene uno que *puede* matar a Dios!" Lucifer habló: "Mientras la vida te va abandonando, Hijo de Dios, viene uno a robarte tu último aliento. Entonces estarás acabado para siempre. Oh, qué bendito momento —retrucó Lucifer—. Entonces ya no habrá divinidad —continuó—. El universo quedará vacío de todo excepto las formas de vida inferiores y la muerte superior. La Muerte, triunfante sobre la vida. La Muerte reinará suprema."

"Hijo de Dios —continuaron mis atormentadores—, tu creación, la visible y la invisible, caerá en el féretro eterno de la Muerte y bajo su gobierno."

"No conoces todas las cosas —respondí—. Cuando la Muerte llegue, tengo un desafío para presentarle."

Mientras hablaba estas palabras, el mundo invisible comenzó a desvanecerse. Una vez más me encontré en el reino del tiempo y del espacio.

CAPÍTULO
29

"Señor."

Era el ladrón.

Su rostro estaba hinchado, sus ojos oscurecidos y su visión borrosa, cada aspiración era una lucha. Yo estaba seguro de que éstas estarían entre las últimas palabras que el ladrón podría pronunciar.

Mi tiempo también era muy corto. Podía oler el hedor de la muerte que se acercaba.

Escuché un tono en la voz de este ladrón que no le había oído antes, aunque no había dicho más que una palabra: *Señor.*

"Señor, ¿nos hemos conocido antes?", preguntó.

"Quizás."

"¿Entonces cuándo?"

"Antes del principio. O tal vez en el *fin*. O antes del fin. Yo camino por los pasillos del tiempo y del espacio, y trasciendo el pasado o el futuro, este reino o el otro. Te conocía antes de que el tiempo existiera. Te conocía antes de la creación, aun antes de decir: 'Sea la luz'."

El viejo ladrón sacudió la cabeza: "No tengo idea de lo que dices, pero sé que nadie ha hablado como tú.

"Te pido una cosa, Señor: ¿Es posible, en ese momento de tu triunfo cuando entres a tu reino, es posible que puedas... *acordarte de mí*?"

"¿Acordarme de ti? —respondí—. ¿Cómo podría olvidarte? Tú eres el primero en recibir mi salvación. Tú eres mi primera conquista sobre la muerte. Tú, por encima de otros, eres la primera evidencia de mi redención. ¿Cómo podría olvidarte? Hay un libro que se llama el Libro de la Vida. Tu nombre fue escrito allí hace mucho, mucho tiempo."

El ladrón no entendía nada, pero en pocos momentos lo entendería todo. Conocería aun como era conocido.

"Señor, no sé nada acerca de tus enseñanzas y tampoco acerca de tus demandas. Y tampoco puedo moverme mucho. No tengo forma de servirte. ¿Qué es lo que puedo hacer?"

"Hay sólo una demanda, y tú ya la has cumplido. Has aprendido a llamarme *Señor*. Por tanto, entraré a tu ser más íntimo y habitaré contigo por toda la eternidad. Eso es todo lo que necesitas saber."

"Aunque no tengo conocimiento de lo que hablas, Señor, algo dentro de mí me dice que es suficiente. ¿Puedo hacerte mi pregunta otra vez? Por favor, ¿te acordarás de mí?"

Luché para encontrar un último, fuerte aliento.

"Antes de que este día termine, estarás conmigo en el paraíso."

"¿Cómo puede ser eso?"

"Puede ser porque te elegí mucho antes de que existiera nada, incluyendo la *nada*. Y el primer nombre que se haya escrito jamás en el Libro de la Vida lo escribí yo. Y, tú, ladrón: fue *tu* nombre el primero que se escribió allí."

"Ahora, cierra tus ojos, redimido. Cuando los abras de nuevo, ábrelos en el paraíso."

"Ahora es el momento."

La escena que se estaba desarrollando en la colina comenzó a cambiar.

"Ahora es mi tiempo para que convoque incluso a la Muerte."

CAPÍTULO
30

"Muerte, tu hora ha llegado", susurré.

"Ven desde el averno. Hablemos frente a frente, Muerte, antes de que los dos muramos."

"¡Aquí viene! ¡Aquí viene! Mi hija viene —chilló el Pecado—. Ven a mí, hija mía, tu madre te llama. Ven del este, reúne aquí todo lo que es inmundo. Ven del oeste y trae todo lo que es abominación. Del norte reúne todo lo que es malvado. Y del sur trae aquí todo lo perverso. Ven de las profundidades de los mares, de lugares olvidados hace mucho tiempo. Ven de los lugares que han dejado de ser. Ven, tú, horda infernal. Ven de las cloacas de la depravación y el libertinaje. Reúne toda la escoria del infierno, todo lo que es antinatural. Reúne en este lugar todas las blasfemias del tiempo y la eternidad."

Henchido de arrogancia, el Pecado declaró: "Puedo oler su hedor inmundo. ¡No hay nadie como ella —¡es la más grande de todos los dioses! Es mi eterna compañera."

El Espíritu del Mundo volvió su rostro, avergonzado. A los principados, a los condenados demonios y a los espíritus inmundos se les cortó la respiración.

Nunca antes se había confinado *todo* el pecado en un espacio tan pequeño. La tierra misma tembló con incierto horror. El sol y las estrellas cerraron los ojos. Jerusalén se estremeció de terror, al igual que todos los peregrinos de la Pascua.

Hasta el mismo Lucifer apartó la vista.

De esta escena impía emergió la serafínica monstruosidad: ¡la Muerte!

"No hay nadie tan fatua como tú, oh Muerte. Ven y cuéntanos de tu grandeza", le insistí.

"Permíteles ver tu paga", exclamó el Pecado, henchido de orgullo enfermizo por su hija.

"Ella es diosa de todos los dioses. Escúchenla, dejen que les diga lo que es verdad."

La Muerte comenzó su soliloquio: "Ah, nos encontramos nuevamente, tú que te llamas Dios."

CAPÍTULO
31

"Yo nací de las entrañas de mi madre, Pecado, cuando me encontré contigo frente a frente por primera vez en la rebelión en el otro reino. Luego, en la noche de la Pascua, me negaste mi legítimo botín. Esa noche juré que algún día *tú* serías mi presa.

"Es trágico, Nazareno, que no hayan quedado más que dos dioses. Uno soy yo, y el otro está muriendo en un madero. Nunca has conocido la muerte, Hijo de Dios. Yo nunca he conocido la vida. Soy la negación de todo lo que tú eres. El Dios que vive y el dios que no puede vivir pasan sus últimos momentos juntos. Luego ¡silencio! ¡Entonces quedaré yo sola!"

La Muerte levantó sus garras invictas y gritó: "¡Por fin, en esta colina, eres *mío*!

"Yo, la Muerte, extingo el odio en el corazón de todos los hombres.

"Yo acabo con las dudas y las preguntas del hombre, para siempre.

"Yo soy aquella a la que los ancianos abrazan con gozo.

"Yo acabo con todo dolor.

"Yo, y sólo yo, libero de todo el sufrimiento.

"¡Déjame decirte por qué sólo yo debería ser dios!

"Yo termino todas las guerras.

"Yo pongo fin a toda negociación.

"Tú, Galileo moribundo, has traído luz a la creación.

"Yo traje la oscuridad que no tiene fin.

"Nadie ha ganado jamás una pelea conmigo.

"Tú trajiste vida a unos pocos."

"Yo he traído un fin para todos.

"Los más poderosos pelearon y perdieron.

"No hay excepciones.

"Yo hago iguales a todos los hombres.

"No hay grande ni pequeño.

"Tú has levantado a uno, sí, dos, quizás tres, de la tumba.

"Yo he arrojado a millares a la tumba.

"Ninguno escapó de mis manos asfixiantes.

"¿Cuán fuerte es el amor?

"Yo soy todavía más fuerte.

"En mi castillo, la vida y el amor serán olvidados.

"La Divinidad será aniquilada.

"Nunca volverá a crecer una simiente semejante."

La Muerte continuó bramando sus autoalabanzas.

"¿No ves que yo soy la única digna de ser llamada dios?

"Tú eres Creador.

"¿Quién es mas grande, el que crea o el que destruye?

"Entonces, *mi* reino no tendrá fin.

"Sé testigo ahora del fin de todo lo que has hecho.

"En esta hora no quedará más que un dios.

"El otro estará muerto para siempre.

"Mira a tu alrededor, Carpintero. Todo el pecado está encarnado aquí.

"*Ahora* bebe la copa.

"Bebe toda la escoria.

"Tú, que una vez te llamaste *Señor*.

"Deja que toda la inmundicia del pecado se haga *tuya*.

"Absorbe toda la iniquidad.

"Y sabe que al hacerlo, *ése* será tu último trago.

"¡En ese instante vendré!

"Te estrecharé en mis brazos.

"Allí te abrazaré tan fuerte que tu último aliento también será el ultimo suspiro del universo.

"Nadie quedará vivo excepto aquellos que *no pueden* vivir. La que está muerta para siempre gobernará todas las cosas. Estableceré mi reino en un lugar donde ninguno de los ciudadanos respire."

El Pecado estaba en éxtasis mientras la Muerte se intoxicaba con su propio orgullo.

"Carpintero, has declarado que sólo tienes un enemigo, que los otros no son más que adversarios de la humanidad. ¡Es verdad! Sólo han tenido victoria sobre los hijos de Adán. Pero ahora mírame a mí, tu enemiga. ¡Yo te he vencido!"

"Muerte, ¿has terminado con tu autoexaltación?", pregunté.

CAPÍTULO 32

"Gobernadora serafinica del averno, ¿tú eres mi igual? Eso dices.

"¿Puedes matar incluso a Dios? Eso dices.

"En una cosa tienes razón: *ésta es* la batalla final.

"La vida contra la muerte."

"La muerte contra nada menos que la *vida* eterna —se regodeó la Muerte—. Nuestra batalla final, si gano, será la erradicación de la vida de Dios."

"O, si pierdes, ¡la erradicación de la muerte!", agregué.

"Eso nunca sucederá —bramó la Muerte—. Mataré la vida divina y no se la volverá a conocer."

"Así será, o así dices tú", repliqué.

En ese momento apareció la copa.

Ni siquiera la Muerte pudo mirar la ponzoña que borbollaba en su interior.

Enloquecida de perversa alegría, la Muerte comenzó a cantar.

"Mi hora, mi hora.

"Al fin, mi hora.

"La última hora que habrá."

"Muerte, te pregunto si puedes matarme."

"Sí, sí —bufó con insano deleite—. ¡Puedo, puedo!"

"¿Puedes matarme *sin* la copa?"

La Muerte gimoteó e hizo silencio.

"Entonces, nunca olvides, es sólo por mi propia voluntad que la copa está aquí."

En ese momento la copa se dispuso a verter su contenido en mí. La ira de todo el pecado comenzó a llenar cada célula de mi cuerpo. Mi corazón, luego mi mente, empezaron a fallar. Yo, que jamás había pecado, que no conocía la trasgresión, de pronto me hice uno con el pecado.

Mi fin estaba cerca. No sólo había llevado el pecado sobre mí. Me estaba convirtiendo en su encarnación. Yo sabía que mi vida no lo soportaría por mucho tiempo.

Cuando grité en mi delirio, la Muerte supo que había llegado su momento. Entonces bramó con júbilo diabólico y se abalanzó sobre mí. Mi cuerpo y mi alma ardían en llamas con aquello que ahora estaba impregnando mi todo. Con mi cuerpo en llamas, me oí exclamar: "¡Tengo sed!"

Uno de los soldados trajo una esponja y, en el único acto de misericordia de aquel día, la mojó en el vino agrio, buscando alguna forma de levantármela hasta la boca.

Ese momento fue lo último que contemplaron mis ojos.

Juan había ido cautelosamente hasta la colina y estaba de pie junto a mi madre.

"Juan, ésta es *tu* madre ahora.

"Madre, éste es ahora tu hijo."

La vista me fallaba. Estaba ciego por el contenido de mi alma. En un momento ya no sería humano.

¡Yo... sería... el... pecado!

CAPÍTULO 33

"Yo vivía antes de que tú existieras —dije
a la Muerte, cuando me apretaba con
sus garras—. Pobre Muerte, hay cosas
que sucedieron antes de que existieras de las que no sabes
nada."

"No importa nada", alardeó la Muerte.

"Importa *todo*", respondí.

En aquel momento final, ordené a los que estaban presentes del reino invisible: "Da un paso adelante, Sistema Mundano. Ven dentro de mi ser.

"¡Tú, Mundo, morirás conmigo!

"Lucifer, principados y potestades, y todos aquellos a quienes encabezan, entren en mí.

"Ley, tú has sido cumplida, ahora ven a mi seno.

"Raza de Adán, todo lo que fue tocado por la Caída, y la creación misma, ¡vengan a mí y sean uno conmigo!

"¡Muerte, sé mi sierva. Mata todo aquello que ahora es uno conmigo.

"¡Ven Religión! Todo lo que lucha por ser bueno pero siempre fracasa, ven.

"Muerte, toma la Religión, el viejo hombre y la naturaleza egoísta y haz de ellos tu presa.

"Mueran en mi Cruz. ¡Vengan, todos ustedes, mueran en mí! Ahora se han encontrado con el poder más destructivo de toda la creación: ¡mi Cruz!

"Mátame, te lo ordeno. Muerte, mírame: me he convertido en *la Caída*.

"*¡Todo lo creado* está crucificado conmigo!

"¡Oh, pero aún queda uno!

"Muerte, al mismo tiempo que me quitas mi último aliento, tengo una sorpresa para ti.

"¡Muerte, ahora *tú* eres mía!", exclamé triunfante.

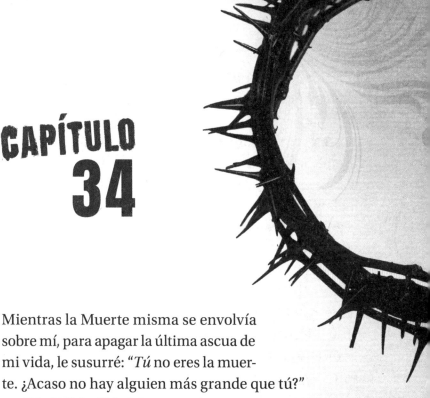

CAPÍTULO 34

Mientras la Muerte misma se envolvía sobre mí, para apagar la última ascua de mi vida, le susurré: "*Tú* no eres la muerte. ¿Acaso no hay alguien más grande que tú?"

"Nadie", bufó la Muerte.

"¿Acaso no hay uno que puede matar a la Muerte?"

"¡No existe tal ser!", chilló la Muerte.

"No es verdad —respondí—. Por tanto tiempo te has llamado Muerte, pero yo estaba aquí mucho antes que tú. Ahora te digo lo que entonces no sabías. Estoy camuflado. Tú, Muerte, eres sólo una sombra. Tú no eres la muerte en absoluto. No eres más que una imagen de mí. No, Muerte, tu no eres la muerte en absoluto. Yo soy la vida, es verdad, pero también soy aquel que es la verdadera muerte. Y en este momento final, soy la muerte para ti.

"Oh, Muerte, ahora sorpréndete. Hay uno más grande que todas tus jactanciosas pretensiones. El único que puede matar a la Muerte es, en efecto, la muerte misma. Hoy te mato, Muerte. Tú creías que venías por mí, ¡pero soy yo el que vino por ti!

"Entonces, cuando la Muerte esté muerta, también el Pecado estará muerto, junto con los principados, el mundo, la raza de Adán y la ley. Al morir la Muerte, la ley estará muerta para siempre. Cuando la Muerte esté muerta, la creación llegará a su fin. Y si la Muerte está muerta, entonces ¿quién retendrá las tumbas? *Habrá* vida para todos aquellos que alguna vez fueron tu presa.

"¡Muerte, óyeme, sólo habrá uno que habite el dominio de los muertos! Ésa serás *tú*."

La Muerte comenzó a sentir cómo poco a poco iba perdiendo su poder. Sus ojos centelleaban de horror.

"He crucificado al mundo, he crucificado el Pecado, he crucificado la Ley, he crucificado la raza de Adán, he crucificado la creación y he crucificado todo lo demás que ha entrado dentro de mí en esta hora."

La Muerte exclamó: "Me consuelo con esto: yo también mato hoy al Galileo. Es satisfacción suficiente para mí. Déjame terminar, aquí y ahora, sin embargo, Carpintero, yacerás en la tumba junto a mí".

La Muerte chilló una vez y luego otra y se hundió en su tumba. Sus últimas palabras desesperadas: "Si puedo retenerte durante tres días, Carpintero, entonces te retendré para siempre".

Mientras todo lo que yo era que no fuera pecado había huido de mí, exclamé.

Elí, Elí, ¿lama sabactani?

Uno que estaba allí presente creyó que estaba llamando a Elías.

El soldado encontró la caña para la esponja y estaba a punto de levantarla hasta mis labios.

"Espera —dijo alguien—. Veamos si viene Elías y lo salva."

Una última escena pasó ante mí. Vi como toda la creación y todo lo que estaba en ella moría en mi Cruz, y luego oí la voz de mi Padre: "Bien hecho, mi Hijo amado y fiel".

Al oír las palabras de mi Padre, exclamé:

¡Consumado... es!

En el último segundo de vida, entregué mi divinidad al Padre.

Padre, en tus manos encomiendo mi espíritu.

CAPÍTULO
35

La cortina que cubría la entrada del
Lugar Santísimo se rasgó en dos al mismo tiempo que la madera se astillaba
cayendo al suelo estrepitosamente.

Al instante ese enorme y aciago nubarrón que cubría
el Gólgota desapareció.

Por primera vez, la Pascua se celebró en medio del caos.
Los sacerdotes aterrorizados intentaban encontrar alguna
forma de cubrir la entrada al Lugar Santísimo, gritando
todo el tiempo: "¡No miren hacia el Lugar Santísimo!"

Cuando le dijeron que la puerta entre el hombre y el
lugar más santo de toda la tierra había quedado a la vista
de la gente común, Caifás intentó ocultar su pánico.

En ese mismo momento en los lugares celestiales, los
temibles querubines con sus espadas de fuego que se
movían por todos lados (los que habían guardado la puerta
entre los dos reinos desde la Caída) huyeron aterrorizados
porque súbitamente la puerta había desaparecido.

Desde que el Adán de la tierra y el Dios del cielo caminaron en el jardín, no había habido trato entre estos dos mundos.

Los ángeles, tan aterrorizados como los querubines, huyeron de aquel lugar vacío donde alguna vez había estado la puerta vigilada. Finalmente, vencidos por la curiosidad, los ángeles se deslizaron cautelosamente hacia aquel lugar que por tanto tiempo había estado sellado.

CAPÍTULO
36

Eran las tres de la tarde.

Yo había estado en la Cruz durante seis horas.

Los que eran ejecutados por crucifixión nunca morían en un tiempo tan corto, ya que el propósito de la crucifixión era mostrar una muerte larga y despiadada.

Inseguro de que alguien pudiera haber muerto tan rápido, el soldado levantó una lanza y me atravesó el costado.

Me atravesó en el mismo lugar donde hacía mucho tiempo yo había abierto a Adán para traer a *su* esposa. El segundo hombre que sería cabeza de una nueva raza también tenía una mujer dentro de él. Dentro de unos días, esa mujer divina nacería de mí.

Cuando el soldado sacó la lanza de mi costado, primero fluyó agua, luego, sangre —para que se cumpliera lo que le había dicho a Zacarías.

Cuando se acercaba la noche —la hora del ritual de la Pascua—, los soldados romanos tomaron varas de hierro y golpearon las piernas de los dos (demasiado vivos) ladrones hasta que se las quebraron. Un momento después ambos hombres morían por asfixia. Puesto que yo estaba muerto y se lo había comprobado, mis piernas no fueron quebradas, para que se cumpliera mi profecía de que ninguno de mis huesos sería quebrado.

Por fin todo terminó, pero ¿quién vendría a buscar mi cuerpo? Por lo que les importaba a los romanos, ahora mi cuerpo era carne para los buitres.

Mi madre se había mantenido vigilante, junto con María su hermana y con María Magdalena.

Alguien del Sanedrín, armado de nuevo valor y fe, estaba a punto de reclamar mi cuerpo.

CAPÍTULO
37

Aunque se acercaba la Pascua, uno de los hombres del Sanedrín había venido a la colina para preguntar por mi cuerpo.

Era José, de un pueblo cercano llamado Arimatea. No se animaba a acercarse mucho a los muertos, pero sí preguntó a los soldados cómo podría hacer para retirar mis restos.

"Únicamente Pilato puede hacer eso", respondió uno de los soldados con tono desafiante.

José, un hombre bueno y amable, que no había estado presente en mi juicio, se armó de valor, fue a ver a Pilato y le pidió mi cuerpo. Cuando éste oyó que yo ya estaba muerto, no lo creyó.

"Nunca un hombre crucificado ha muerto tan rápido."

Uno de los guardias respondió: "Señor, un soldado atravesó su costado; está muerto. Yo estaba allí".

Con esas palabras, Pilato le dio a José permiso para retirar mi cuerpo.

Muy pronto otro miembro del Sanedrín, un hombre llamado Nicodemo, se unió a José y a sus sirvientes. Como el tiempo corría, se apresuraron a ir al Gólgota para reclamar mi cuerpo.

Un guardia me arrancó brutalmente la estaca de las piernas. Luego, subiéndose al poste, los guardias cortaron las cuerdas que sujetaban mi cuerpo al palo transversal. Mi cuerpo sin vida cayó al suelo.

Mansamente y con gran remordimiento, Nicodemo y José, junto con sus sirvientes, pusieron mi cuerpo desnudo en una gran sábana blanca de lino que lo cubría por entero.

Varios años antes, José había comprado una tumba para él y su familia, una que nunca se había usado. La tumba estaba cerca de Getsemaní, como también del lugar donde yo fui crucificado.

Cuando faltaban sólo unos momentos para que comenzara la Pascua, los sirvientes se apresuraron a ir a la tumba de José y dejaron mi cuerpo allí, junto con setenta y cinco libras de áloe y especias.

A una corta distancia detrás de estos hombres se encontraba mi madre, pues quería estar segura de saber dónde me pondrían. Con ella estaban María Magdalena y María la madre de Jacobo el menor y de José.

Antes de partir, José de Arimatea ordenó que sus sirvientes hicieran rodar una gran piedra atravesando la entrada de mi tumba.

Nadie en todo el universo podría haber llegado a comprender lo que yacía en aquella tumba esa tarde.

La creación misma estaba en esa tumba, esperando el nacimiento de una nueva creación. Ésta no duraría siete días, sino solamente tres, y comenzaría desde esta misma tumba. Esa nueva creación nacería instantáneamente en un estallido de luz y poder.

Todo el poder de las tinieblas, el Mundo, el Pecado y la Ley estaban en aquella tumba. Asimismo la raza judía, los gentiles, toda la raza humana. Pero lo más importante de todo, la Muerte yacía allí, quieta y en silencio.

Todos esperaban.

Esperaban su triunfo o el mío.

¿Serían los poderes de las tinieblas los que se levantarían? ¿O quizás la arrasadora victoria de la Muerte, causaría el fin de la vida para siempre?

¿O?

¿Era posible que no sucediera absolutamente nada?

CAPÍTULO 38

"Sólo han pasado unos pocos segundos, según la forma humana de contar el tiempo, y ya tantas cosas están cambiando."

"No puedo menos que preguntarme —reflexionó uno de los ángeles—, la desaparición de la puerta ¿significa que podremos ir y volver de la tierra como una vez hicimos con Adán?"

"O más que eso —preguntó otro—, ¿veremos a los seres mortales hacer pie en el reino de los espirituales?"

"No me lo imagino", respondió uno de los ángeles.

"Quizás tengas razón", asintió otro.

Entonces hubo una pausa. Todos los ángeles miraron hacia la puerta faltante y después hacia la tierra.

Un ángel pestañeó, sobresaltado, y preguntó: "Por favor díganme ¿qué es lo que veo? Sea lo que fuere, parece haber aparecido en este momento. Parece estar viniendo en esta dirección".

"¡Está prohibido que el hombre caído gane entrada al hábitat de las regiones celestes! —exclamó un ángel, bastante preocupado—. Pero ¿qué es eso?"

"No tengo idea", respondió otro ángel.

"¿Podría ser un ángel de alguna clase que jamás hemos visto?"

"No, es demasiado, demasiado resplandeciente como para ser un ángel."

"¿Quizás uno de los querubines desaparecidos?"

"No, es demasiado resplandeciente incluso para eso. Además, los querubines son temibles. Éste parece estar tratando de expresar una clase de gozo abrumador. No es un querubín."

"No puede ser un humano ¿verdad?"

"¡Por supuesto que no! Los hombres caídos no pueden entrar al reino de las cosas espirituales bajo ninguna condición. Bueno, lo que sea que fuere, viene hacia nosotros."

"Entonces, quizás deberíamos prepararnos para huir."

"¿Por qué?"

"¡Porque sí! Sea lo que fuere, tan brillante, tan santo, quizás no tengamos derecho a vivir en su presencia."

"Bueno, sea lo que fuere, está haciendo mucho ruido."

"¡Rápido! ¿Quién otro ha estado en nuestro reino antes?"

"Bueno, estuvo Enoc."

"Sí, ¿y quién más?"

"Moisés contempló nuestro reino, pero no entró."

"Y luego estuvo la visita de Isaías."

"Sí, pero él sólo estuvo en el borde del Lugar Santísimo."

"Elías."

"No, Elías vio un ejército de ángeles preparados para la batalla, pero no entró."

"¿Alguien más?"

"Salomón vio nuestro reino. David también lo contempló."

"¿Pero ninguno entró?"

"No, hasta donde yo recuerde."

"Miren a éste. Ciertamente viene camino hacia *aquí*, subiendo por las escaleras de las nubes."

"Se tropieza, corre, y se tropieza otra vez. Miren, ahora está saltando. ¡Indudablemente... viene... hacia aquí!"

"Nunca había visto tal comportamiento", reflexionó otro de los ángeles.

"Como dije, quizás tengamos que buscar algún otro lugar para vivir. Para empezar, ¿ha habido alguna vez tanta pureza y santidad?"

A estas alturas toda la hueste angelical se había trasladado a la entrada de los lugares celestiales, ahora sin vigilancia. "¡Qué luz!" Los ángeles estaban sobrecogidos de temor ante aquel que se acercaba.

"Es transparente —exclamó uno de los ángeles—. Creo que puede ver ambos reinos."

"Yo creo que *pertenece* a ambos reinos."

"No, al menos antes, eso no era posible."

"No hay duda de que aquel que viene hacia aquí *cree* que tiene derecho a estar aquí."

"¡Qué luz!", repitió uno de los ángeles.

"¡Yo creo que él puede *vernos*!"

"¿Es posible? Después de todo, nosotros *somos* invisibles."

"Yo pensé que algo así sucedería si la pared entre ambos reinos desaparecía —y sucedió."

"Extraño aquella puerta", dijo uno de los ángeles muy preocupado.

"No me gusta nada este vasto espacio sin vigilancia", asintió otro.

"¿Puedes oírlo? Creo que nos está hablando a *nosotros*."

"¡No debería al menos uno de nosotros desenvainar su espada?"

"Por favor dime de qué serviría eso", declaró otro.

"¿Éste es el fin?"

"Parece ser más como el principio. Su luz cada vez es más brillante."

Los ángeles comenzaron a cubrirse los ojos.

CAPÍTULO 39

"¿Todos ustedes son ángeles?", preguntó.

"¡Nos está hablando a nosotros!", exclamó uno de los ángeles.

"¿Soy yo un ángel?"

La criatura que se acercaba hizo una pausa y miró detenidamente a su alrededor. "No, me imagino que no soy un ángel. Creo que fui un ser humano. Pero ¡oh, mírenme!"

"Nunca ha visto tanta inocencia, pureza y perfección —susurró uno de los ángeles—. No parece darse cuenta de lo hermoso que es o de lo resplandeciente de su luz."

"¿Dónde estoy? ¿Qué estoy haciendo aquí? ¿Quiénes son ustedes? Por favor, díganme ¿qué soy?"

"¿Osaremos hablarle?", preguntó otro de los ángeles.

"Nunca han visto algo como yo, ¿verdad?"

"Tú eres el primero —tartamudeo uno de los ángeles finalmente—, pero... tengo la impresión de que no vas a ser el último. Respecto de quién eres... estaría encantado de decírtelo, pero no sé quién o qué eres."

"Él me dijo que hoy estaría aquí. ¿Ahora es *hoy*?"

Los ángeles se quedaron boquiabiertos.

Uno dijo: "¡Al fin sabemos *quién eres*!"

Otro dijo: "Eso no es posible. Después de todo, recuerden lo que era: era un ladrón. Ese viejo, tramposo y mentiroso ladrón."

"¡Ahora recuerdo! —exclamó el ladrón—. Y ¡oh! ¡oh! ¡oh! ¡*Él* se acordó de mí!"

"Ahora sabemos quién eres, amado. Pero estamos un poco sorprendidos, considerando lo que eras esta tarde."

"Soy un ladrón. O era. ¿Qué soy ahora?"

"Eres el *primero de los redimidos*."

"Eres la obra de la redención de Cristo."

"¡*Eso* es lo que soy!", exclamó el ex ladrón.

"Tengo otra pregunta. ¿Soy tan hermoso como creo que soy?"

"Aún más", respondieron los ángeles a coro.

"¿Soy tan resplandeciente como ustedes?", inquirió nuevamente.

"No. Aún más. ¡Mucho más! Nosotros *nunca* hemos sido tan resplandecientes."

"Nunca antes he podido ver lugares que *no se pueden ver* —observó el ladrón maravillado—. ¿Están seguros de que soy el único en mi clase?"

"Sí —respondió uno de los ángeles—. Pero esperamos a muchos más como tú."

"Eres el primero de tu especie", le informó otro ángel.

"Creo que morí —dijo el ladrón—. Hace sólo unos momentos estaba en una cruz. ¡Ahora mírenme! ¿Estoy en... en... el paraíso?"

"Esto es *por lo menos* el paraíso —respondió el ángel—, y tal vez sea mucho más. Lo sabremos dentro de tres días.

De hecho, con tu llegada, estamos *seguros* de que será mucho más que un paraíso —dentro de tres días."

Al decir esas palabras, este hijo de Dios asió a uno de los tantos ángeles aterrorizados, se abrazó a él y comenzó a danzar.

"Los ángeles no danzan", observó ásperamente uno de la hueste celestial.

"Ahora sí", sonrió otro.

"No sé quién soy, no sé dónde estoy, no sé qué soy, pero siento que no soy lo que solía ser— *y* que soy maravilloso y hermoso", gritó.

De pronto se detuvo. "El que estaba muriendo conmigo dijo que estaría con él en el paraíso, pero también mencionó algo acerca de un libro. Un Libro de la Vida. ¿Existe algo llamado el Libro de la Vida? Oh, también me dijo algo acerca de conocer como fui conocido."

Al oír eso, los ángeles se apresuraron a ir al Libro de la Vida. Tal como esperaban, el primer nombre escrito en el Libro era el del ladrón.

Los ángeles comenzaron a dar gritos de alabanza, y unidos empezaron a reír a carcajadas. Prorrumpieron en un crescendo de cánticos pocas veces visto.

"¿Soy el primero de qué?", preguntó.

"Tú eres el primero de aquellos a los que hemos esperado a través de las edades. Hemos esperado mucho para que llegara este día."

"Una última pregunta: Ustedes se llaman *ángeles*. ¿Cómo me llamo yo?", preguntó.

"Tú te llamas *santo*."

CAPÍTULO 40

¿Es el sol que está saliendo? Justo ahora empieza a asomarse detrás de las crestas de las montañas. Siento los temblores de un terremoto.

¡Ésta debe ser la mañana del domingo!

CAPÍTULO 41

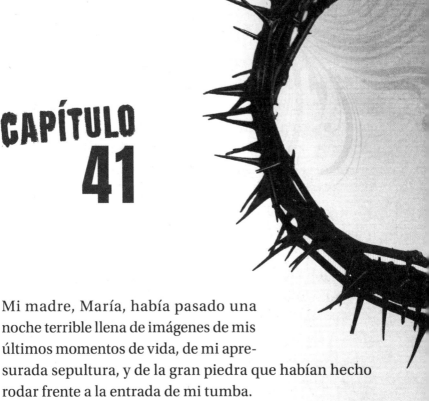

Mi madre, María, había pasado una
noche terrible llena de imágenes de mis
últimos momentos de vida, de mi apre-
surada sepultura, y de la gran piedra que habían hecho
rodar frente a la entrada de mi tumba.

"El sábado fue el más extraño de los días", comentó
a sus amigas. María Magdalena lo describió mejor: "Es
como si el universo hubiera hecho un alto, como si toda
la creación estuviera esperando que algo suceda."

La noche del sábado sería tan irregular como el viernes.
Todos mis seguidores seguían sumidos en tristeza y des-
esperación. Pero para María, para Magdalena y para las
otras mujeres, todos sus pensamientos giraban en torno
a la gran piedra.

Nicodemo y José de Arimatea habían advertido a las
mujeres: "De ninguna manera deben volver al sepulcro,
no hasta el domingo."

Pero para María Magdalena, volver a aquella tumba
era el único propósito que le quedaba en la vida. Como las
otras mujeres que habían sido testigos de que mi cuerpo

había sido puesto en la tumba, ella había visto que un numeroso grupo de hombres fuertes había hecho rodar la piedra circular hacia su lugar. Las mujeres habían visto a la piedra caer en una muesca labrada en la roca, impidiendo el acceso de cualquiera a la cámara interna, y sellando así sin más esperanza su cuerpo. Todas estuvieron de acuerdo: "La roca es ahora imposible de mover". Se necesitaría una multitud de hombres para correrla. Así que esperaban, observaban y se preguntaban.

(En cuanto a los once, todos se habían escondido. ¿Dónde? Nadie sabía, excepto que estaban en algún lugar de la ciudad. Y mientras permanecían ocultos, esos hombres estaban tan aturdidos que apenas podían encontrar qué decir.)

Y había otro problema. Los líderes judíos habían ido a ver a Pilato para pedir que los romanos pusieran guardias al frente de la tumba para vigilarla día y noche. A los soldados romanos les gustaba asustar a la gente blandiendo sus espadas, y si alguno se atrevía a acercarse al sepulcro, los soldados no tendrían clemencia para con los curiosos. Hasta que esos guardias se fueran, era seguro que nadie osaría acercarse a mi tumba. Y un guardia jamás se atrevería a quedarse dormido durante su vigilia. Hacerlo significaba la muerte segura. Si se encontraba a un guardia durmiendo, lo quemaban y luego se lo mataba a puñaladas.

Una piedra inamovible y una unidad de soldados bien entrenados le habían quitado a una mujer desconsolada toda esperanza de poder cuidar de mi cuerpo sin vida.

La espera de la noche fue demasiado para María Magdalena. Y determinó que, sin importar cuál fuera el riesgo, iría hasta mi sepulcro para hacer vigilia.

Pasó por Getsemaní, el lugar de la crucifixión, y de allí corrió hasta el sepulcro de José. Allí esperó que llegara una mañana que parecía negarse a venir.

Mientras los soldados hacían guardia —y mientras María Magdalena caminaba por las calles de Jerusalén— nadie podría haber imaginado lo que estaba empezando a suceder bajo la superficie de mi tumba, en las profundidades del infierno.

La Muerte estaba muerta, pero me aferraba con garras imposibles de quebrar. Se necesitaría un poder que jamás se ha visto para librarme de la fría mano de la muerte. Ni siquiera el poder que desplegué en la creación podría triunfar sobre este enemigo de Dios.

Otros habían sido levantados de los muertos, sólo para volver a morir. Si yo, el Hijo del Hombre, iba a ser levantado de los muertos, sería una resurrección de una vez y para siempre. Entonces toda la obra de la Muerte quedaría condenada al fracaso —y condenada para siempre.

Hay cosas de las que se había creído que tenían vida eterna pero que no eran eternas porque ahora estaban en mi tumba. El Pecado fue una vez para siempre, pero ahora estaba en su tumba para siempre. Los hebreos habían pensado que la sagrada ley se había establecido para siempre, pero ahora yacía silenciosa en su ataúd, para nunca más ejercer dominio sobre el hombre. Después estaba el Sistema Mundano, que había nacido en el tiempo de la Caída y se había extendido hasta abarcar todo el planeta. Pero ese sistema murió cuando yo morí. También en mi tumba yacía fría y muerta toda la raza de Adán. Las cosas del reino invisible habían dado por hecho que la raza humana caída continuaría hasta que naciera el último niño.

En cuanto al príncipe de las tinieblas, él, como los otros, tenía *vida eterna*, pero mi Cruz había robado tal vida de él.

A los ojos de Dios, todas estas cosas que los hombres habían considerado eternas ahora estaban eternamente muertas. Quizás los hombres no comprendan la muerte de la muerte, el fin del pecado, la destrucción del sistema del mundo, la aniquilación de toda la raza de la humanidad, o la anulación del reino de las tinieblas, pero a los ojos de Dios —y su opinión es la única que cuenta— todas ellas ahora estaban en la tumba conmigo.

Sólo quedaba una pregunta.

¿Podría el Hijo del Hombre ser levantado de entre los muertos? ¿Podría desaparecer una especie entera y surgir en su lugar una nueva especie?

¿Existía un poder semejante?

Eso era, por supuesto, imposible. La creación se había completado en siete días. Dios no crearía otra vez. Pero el Padre sabía algo que ningún otro sabía. Dios se había reservado el derecho de hacer surgir aquello que no era *creado* —más bien, lo que era *increado:* ¡su propia vida divina! ¡Él haría surgir vida que *no* fue creada!

Así que, en la hora más oscura del sábado, se reunió debajo de mí un poder mayor que el que había desplegado cuando creé las galaxias, la tierra y al hombre.

La reunión de semejante poder en un solo lugar hizo que la tierra misma temblara. Desde el átomo más pequeño hasta la galaxia más grande, las cosas visibles así como las invisibles comenzaron a perder sus formas establecidas. En medio de ese cataclismo, la creación misma comenzó a gemir mientras el terror extendía sus alas hasta los confines del universo.

CAPÍTULO
42

Durante toda esta tempestad, yo yacía
frío y sin aliento, muerto como cualquier
criatura que había muerto. Y no era muy
probable que las furiosas garras de la Muerte soltaran su
presa. ¿Era el poder de la Muerte tan grande como el poder
del Espíritu Eterno?

Y así comenzó el duelo.

La Muerte contra la Vida. La Vida contra la Muerte.

CAPÍTULO
43

Los ángeles, percibiendo el lastimero clamor de los planetas, los luceros y las esferas, intentaron discernir el origen del disturbio cósmico.

Al fin la hueste celestial se dio cuenta de que no había una dirección en particular hacia donde huir, porque desde las moléculas hasta las galaxias, todas las cosas se encontraban en una incierta agitación.

"El conflicto está en algún lugar debajo de la tierra, cerca de Jerusalén", anunció uno de los ángeles.

Como uno solo, ahora entendían. "Es casi el tercer día". Entonces toda la hueste angelical se trasladó —como lo había hecho tres días antes— a las colinas de Jerusalén. Allí los ansiosos mensajeros de Dios hicieron una inquieta vigilia sabiendo que el resultado de la batalla que tendría lugar a continuación decidiría no sólo el destino de la creación, sino también de la eternidad.

¿Podría el Espíritu Eterno quebrar el vicio de la muerte? ¿Podría el Espíritu Eterno triunfar sobre la muerte? ¿Significa eso que la vida eterna —incluso la propia vida por la que Dios vive, la vida divina— podría llegar a ser la fuente de vida del hombre?

Y había más.

El Espíritu luchaba para impartir vida eterna a una nueva especie de seres humanos, y ese mismo Espíritu Eterno estaba extinguiendo la vieja creación. Una nueva especie podría vivir ahora en completa libertad en una nueva creación.

El terremoto se intensificaba, y algunas de las tumbas que había en Jerusalén se abrieron. Lugares olvidados hace mucho tiempo, el sitio donde estaban enterrados Adán y Eva, se sacudieron con gran alivio cuando todos los descendientes de la primera familia llegaron a su eterno fin.

Aun así, las garras de la muerte no cedían.

La luz refulgente de la vida se extendió por debajo de mi tumba, y era tan intensa que los ángeles, que pueden ver tan claramente lo invisible, estaban seguros de que el resplandor del Espíritu Eterno pondría en llamas al planeta entero.

"Desde la Caída, la creación no había conocido semejante agonía —murmuró un ángel atemorizado—. ¿Aniquilará Dios ahora este reino caído? ¿O estará haciendo algo todavía más profundo?"

Los temblores se intensificaban.

Las colinas de Jerusalén comenzaron a lanzar piedras al aire, se formaron grietas en la tierra, lo edificios se tambaleaban. Y en todo Israel a las tumbas se les estaba negando su paz.

"¿Es algo de la muerte?", susurró uno de los ángeles.

"O quizás algo de la vida", le respondió otro.

A medida que aumentaban los espasmos terrestres, también el resplandor era cada vez más intenso. Ésta no era la luz de las estrellas, ni de los soles, ni del fuego, sino un fulgor que ningún ángel había conocido o contemplado jamás.

"¡Este es Dios *antes* de habernos creado a nosotros! ¡Este es Dios *antes* de que hubiera nada! ¡Así era Dios cuando Él era el todo!" —exclamó entrecortadamente uno de los ángeles.

"Nuestros ojos están viendo algo que ninguna cosa creada ha contemplado jamás", musitó otro.

"Ésta es la reunión de todo lo que es el Espíritu Eterno en un solo lugar", susurró sobrecogido otro.

"Está aquí en un lugar tan reducido que..." Otro ángel interrumpió: "Estamos viendo el poder de Dios desplegado, sin frenos, sin obstáculos, sin límites... en un solo lugar... bajo la tumba".

"¿Puede esto significar que el poder de la muerte es tan grande como el poder de la vida? Estamos siendo testigos del duelo final. Ninguna guerra que se haya desatado se comparará jamás con esta batalla."

Y la turbulencia furiosa de las cosas visibles e invisibles continuaba aumentando.

"Puedo sentir la ira misma de Dios. La vida siente tal odio hacia la muerte", dijo otro con un nudo en la garganta.

Al darse cuenta de que la violencia que estaban sintiendo era mucho más intensa en el reino invisible que en el reino físico, un coro de ángeles exclamó: "¡Los cielos se están partiendo en dos!"

El resplandor de la luz finalmente obligó a los ángeles a apartar la vista. Toda la hueste angelical, con los rostros cubiertos por temor reverencial, cayó sobre sus rodillas. Silenciosamente, comenzaron a llorar. La luz que era emitida desde abajo de la tumba ahora irradiaba a través de los ángeles. La luz de la gloria del poder había envuelto todo de tal manera que no había lugar para nada excepto la *gloria*.

"¿Por qué aún no se ha quebrado? —preguntó en voz alta uno de los ángeles—. La luz es tan brillante, el poder tan inmenso, ¿por qué la vida no ha devorado aún a la muerte?"

"Este despliegue sobrenatural del Espíritu de vida y poder debe terminar, de otro modo todo lo que existe será consumido."

Devorada por la vida de mi Padre, la Muerte al fin comenzó a aflojar sus garras.

En la profundidad de la tumba algo se movió.

CAPÍTULO 44

Por un momento hubo una explosión
de luz como ningún hombre, ni ángel,
ni pluma podría describir. Por un breve
y glorioso momento todo el universo quedó envuelto en
Dios.

La muerte se disolvía en presencia de la gloria.

En ese mismo instante, Magdalena iba rumbo al sepulcro, caminando con gran dificultad, mientras la tierra
seguía temblando. Cuando fue arrojada al suelo, se le cayeron los vasos de preciosos ungüentos que había planeado
usar para ungir mi cuerpo. Se desparramaron en el suelo
y sus aceites penetraron en la tierra agitada.

"¡Oh mi Señor! —gritó Magdalena—. Una vez me libras-
te de una atadura tal como ninguna mujer conoció jamás.
Si ha llegado mi hora, entonces te alabo por librarme del
dolor que hay en mi corazón, pues te he perdido a ti, mi
Señor, mi todo."

Mientras continuaba perdido en el sueño de la muerte,
¡súbitamente sentí! Mi mano se movía. Luego mis pies,

con las heridas que tenían. Había comenzado a salir de los túneles profundos del averno.

Mi Espíritu comenzó a resplandecer.

Entonces vino un clamor, un grito de triunfo, un grito tan potente que ni siquiera el fino oído de los ángeles podía distinguir su origen. A medida que ese grito se transmitía a través de los mundos, llegó a hacerse por fin comprensible.

"Es *su* voz —exclamaron a una—, pero las palabras, ¿qué palabras dice?"

¡HE RESUCITADO!

Entonces los ángeles que hacían guardia dieron un grito como nunca antes se había oído. Era un triunfal aleluya. Pero en ese mismo momento de triunfo los ángeles hicieron algo que ningún mortal podría entender. Todos y cada uno de ellos desenvainaron sus espadas, y las clavaron en el suelo de las colinas de Jerusalén.

"¡Él es victorioso! ¡La batalla ha terminado!"

Mientras su grito de aclamación ascendía a través de las galaxias, los ángeles, temiendo por su propio bienestar, se taparon los oídos, pero sin dejar de manifestar su júbilo.

"¡La hora de Jonás se ha cumplido!" —rugieron.

¡Me puse en pie!

Con un gozo que ni hombre ni ángel (sino sólo Dios) podría conocer, pasé a través de mis ropas funerarias. Enrollé el sudario que cubría mi cabeza y lo puse en un rincón del sepulcro. Levanté las manos al Dios eterno, mi Padre, que había demostrado ser Señor de *todo*.

"¡Padre, la muerte y la tumba están bajo tus pies!"

Luego incliné la cabeza hacia atrás y volví a gritar.

¡He resucitado!

¡He resucitado!

¡He resucitado!

¡He resucitado de la muerte!

"Los enemigos del hombre, los enemigos de Dios están vencidos! —exclamé—. Al fin hay seguridad para que surja la nueva especie. Ya no hay obstáculo para la nueva raza."

¡El momento que siguió fue el más dichoso que jamás haya vivido! ¡Toqué mi costado!

Con una voz que casi disuelve la creación, exclamé: "¡Ya no está dentro de mí! Ya no estoy solo. ¡Oh, Espíritu Eterno! ¡Oh, Padre! Tú que me has hecho el Señor de los cielos y la tierra me has dado a una que es espíritu de mi Espíritu. Ésta es mi hora más dichosa.

"Ya no estoy solo."

"*Ella* vive. Padre, la has liberado en la tierra."

"Ella no tiene enemigos, y tampoco conoce de su existencia, porque vive en una nueva creación."

"No puede ver lo que una vez fue, pues nació después de que ellos desaparecieron.

"Así como mi Padre no es creado, tampoco ella, porque es hueso de mis huesos, carne de mi carne, espíritu de mi espíritu, vida eterna de mi vida eterna.

"Padre, tú la has hecho nacer, la mujer de *mí*."

Para que la tumba no fuera a derretirse por mi radiación, caminé hacia la entrada y pasé a través de la puerta de piedra.

Después de atravesar la piedra, fui saludado con gritos y aclamaciones efervescentes tales como nunca se habían oído hasta este momento. (Y no volverán a oírse hasta el momento de mi boda).

"¡Ella ha nacido! —exclamé—. En este día no he creado ni estrellas, ni planetas, ni esferas celestes, pero la he creado a *ella* de mi sustancia divina. Mi nueva creación es nada menos que de mi propia especie. Como yo soy, es ella. Como yo, ella es divina, pero humana. Ella es mi divinidad, ella es mi humanidad. Ella es mi igual. Ella es mi sustancia. La sombra de la unidad ha desaparecido; la realidad de la unidad está aquí. Esta mujer es de mi propia clase."

Habiendo entendido, ¡la hueste angelical prorrumpió en lo que solamente podría describirse como un delirio!

CAPÍTULO 45

El terremoto cesó.

Cuando se levantó, María Magdalena miró a su alrededor. Al este vio el primer rayo de sol que se asomaba por encima de las colinas.

"Es la mañana del domingo. Mi Señor ha estado tres días en la tumba. Mi Señor... ha estado muerto... *tres días*." Este mismo pensamiento hizo que su rostro se convirtiera en un río de lágrimas. Después cayó sobre sus rodillas, llorando incontrolablemente.

Levantó la vista sobresaltada. "¿Qué fue eso? ¿Algo como un grito?" —se preguntó. "¿Un grito de triunfo? ¿Quizás una trompeta? Nunca he oído nada semejante. ¿O será que en realidad no lo oí? Parecía... venir... de mi *interior*. Sea lo que fuere, era hermoso, como el clamor de miles de ángeles".

María Magdalena se quedó mirando las vasijas rotas y su fallido intento de preservar el cuerpo de su Señor.

"Ni siquiera puedo cuidar tu cuerpo. Los aceites ya no están. Oh, querido Dios, te ruego, haz algo milagroso para que su cuerpo se preserve. Los hombres no pueden, pero yo sé que tú sí."

María comenzó a caminar hacia lo que ella no sabía que estaba vacío en ese momento —una tumba completamente vacía.

Sus pensamientos se volvieron hacia los soldados. Estaba segura de que desenvainarían sus espadas y le ordenarían que se fuera. Estaba segura de que oiría a uno de ellos gritar: "¿Así que tú eres una de las que vienen a robarse el cuerpo del carpintero?" Hasta podía oír sus burlas: "Bienvenida al cuerpo. Todo lo que tienes que hacer es remover la piedra".

Sucedió que cuando se acercaba al sepulcro, pero sin llegar a verlo todavía, ¡la piedra había sido removida! Y alguien la había removido por ella.

Gozosos, dos arcángeles salieron y sin esfuerzo alguno hicieron rodar la piedra. Ahora le tocaba al universo ver que la tumba estaba en efecto vacía.

Los principados no vieron esta hora, pues no les tocaba a ellos verla.

La ley no vio esta hora, pues no le tocaba a ella verla.

Ni el pecado ni la muerte vieron esta hora, pues no les tocaba a ellos verla.

Ni tampoco la raza de Adán, pues su hora había pasado.

Cuando hicieron rodar la piedra, el sol de la mañana irrumpió en la tumba. Los ángeles levantaron las manos y exclamaron:

"¡Está vacía! ¡No hay nadie aquí!"

Cuando María Magdalena se acercó al sepulcro, estaba abrumada por la tristeza y el desconsuelo. Una vez más cayo de rodillas y lloró. "¿Cómo haremos para abrir su tumba?", suplicó.

Entonces miró hacia la tumba ¡y vio que la piedra había sido removida! Se apresuró a entrar.

"¡Se han robado el cuerpo! ¡Se han robado el cuerpo! Ahora jamás lo encontraré.

"Sin una tumba donde ponerlo. Sin ungüentos para ungirlo. ¡Oh, su cuerpo, ha desaparecido para siempre! Oh, ¿adónde podré ir otra vez para derramar mi amor por él?"

Con los ojos hinchados y llenos de lágrimas, que seguían cayendo copiosamente, salió de la tumba. Fue entonces que oyó un sonido.

"¡El cuidador! El cuidador del jardín de José de Arimatea. Puede que él sepa... tal vez vio algo... quizás él siguió a los soldados que se llevaron el cuerpo sin vida de mi Señor."

"¡Oh, jardinero! ¡Oh, jardinero! Por favor, dime, ¿qué han hecho con el cuerpo de mi Señor? Dime, para que pueda ir a verlo, dondequiera que esté."

El deseo de esta joven era encontrar mi cuerpo frío y caer sobre él otra vez, para ungirme con sus lágrimas como había hecho una vez en un banquete al que asistí.

Intentó secarse las lágrimas para ver más claramente, y esperaba oír la voz del cuidador.

Sonreí gozoso al ver que ella había aprendido la más simple, pero la mayor verdad. De este simple corazón, de esta doncella, había surgido el más grande y más sublime deseo de Dios. Era, simplemente, ser amado.

Con toda ternura, le dije una palabra.

"María."

La Magdalena se dio vuelta. "¡Raboni! ¡Oh, mi Raboni, mi Raboni!"

En un instante me estrechó en una abrazo tan fuerte que temí que nunca me soltaría.

María Magdalena hizo la cosa más gloriosa —lo que la divinidad siempre ha anhelado. Ella me amaba con todo su corazón, con toda su mente, y con todas sus fuerzas. "María —dije—, debes soltarme. Es tiempo de que suba a los cielos. Entraré allí triunfante. Los ángeles me esperan. Es la hora de mi coronación. Los serafines están allí. Los querubines están allí. Pero lo más importante de todo, mi Padre me espera. Debo irme, María, para tomar mi lugar al lado del trono de Dios."

Me arrodillé junto a ella y susurré: "Y ahora, María, quiero que hagas algo por mí. Quiero que vayas y les cuentes a mis hermanos".

La miré a los ojos. Sobresaltada, exclamó: "¡Tus hermanos! Son tus seguidores, no tus hermanos".

"María, hay una nueva raza sobre la tierra. La vieja raza humana ya no existe. Quizás no lo entiendas, y quizás no lo veas. Pero mi Padre lo ve y yo también, y eso es lo que importa."

"María, ahora eres mi hermana. Eres linaje de mi linaje. Eres especie de mi especie. Ahora no hay diferencia en nuestra línea de sangre. Una vez fui divino y me convertí en humano. No existió ninguna criatura así antes de que yo viniera a la tierra. Yo era una especie totalmente nueva pero singular. Ahora todo eso ha cambiado. Ahora mi especie aumentará y seguirá aumentando. Tan cierto como que soy el Hijo de Dios y el Hijo del Hombre, tú eres mi hermana, una hija de Dios. Dentro de ti ahora habita la humanidad redimida y ahora también mi divinidad habita en ti. Sí, María, ve y cuéntales a los que ahora son mis hermanos. Diles tres palabras:

Yo he resucitado.

Me he levantado de entre los muertos."

"Ve rápido, María. Ahora subiré a mi Padre y a tu Padre. Pero no estés triste, porque antes de que el sol se ponga en este glorioso día...

Veré a mis hermanos.

Estaré con mis hermanos.

¡Estaré *en* mis hermanos!"

De tal manera amó Dios al mundo que ha dado a su hijo unigénito.

JUAN 3:16

PARTE 2

RELATO BÍBLICO DE LA CRUCIFIXIÓN Y RESURRECCIÓN

Las siguientes páginas son la
armonización de los cuatro
Evangelios en un relato que narra
la crucifixción de Jesucristo.

Están incluidos los cuatro Evangelios,
sin omisión alguna. El relato así
armonizado es totalmente escritural
y constituye un registro completo
del día en que Cristo fue crucificado,
incluyendo fechas y horas.

LA
TRAICIÓN

Faltaban dos días para la Pascua. La
Fiesta de los Panes sin Levadura, que inicia la celebración de la Pascua, se acercaba.

Jesús dijo a sus discípulos: "En dos días comienza la
celebración de la Pascua, y Jesús el Hijo del Hombre será
traicionado y crucificado".

Al mismo tiempo los principales sacerdotes, los maestros de la ley y otros líderes se reunieron en el palacio de
Caifás, el sumo sacerdote, tramando la muerte de Jesús.
Seguían buscando una oportunidad para apresarlo y darle
muerte. "Pero no durante la Pascua, dijeron, no sea que se
amotine el pueblo" —una posibilidad que temían.

Después Satanás entró en Judas Iscariote, quien era
uno de los doce discípulos de Jesús. Judas fue entonces
con los principales sacerdotes y capitanes de la guardia del
templo para discutir la manera de entregarles a Jesús. Los
principales sacerdotes se alegraron al oír la razón por la
cual había ido, y prometieron darle dinero. Le entregaron

treinta piezas de plata. Desde ese instante, comenzó a buscar el momento y lugar adecuados para entregar a Jesús de modo que pudieran arrestarlo discretamente cuando no hubiera gente alrededor.

LA PASCUA

3 DE ABRIL DE 30 D.C.

Sus discípulos se prepararon para comer la Pascua junto con Jesús.

NOCHE DEL 3 DE ABRIL DE 30 D.C.

Llegó el primer día de la Fiesta de los Panes sin Levadura, cuando se sacrificaban los corderos de la Pascua. Así que Jesús envió a Pedro y Juan a Jerusalén, y les dijo: "Vayan y preparen la comida de la Pascua, para que la comamos juntos".

"¿Dónde quieres que preparemos la cena?", le preguntaron.

"Apenas entren en la ciudad, les dijo, les saldrá al encuentro un hombre que lleva un cántaro de agua. Síganlo. En la casa a la cual entraré, díganle al dueño: 'El Maestro dice: Mi hora ha llegado y comeré la Pascua en tu casa. ¿Dónde está el cuarto de huéspedes para comer con mis discípulos?' Él les mostrará en la planta alta una sala amplia ya dispuesta. Ése será el lugar; preparen allí la cena."

Los dos discípulos se fueron a la ciudad y encontraron todo tal como les había dicho Jesús. Entonces hicieron como él les dijo, y prepararon allí la comida de Pascua.

Antes de la celebración de la Pascua, él sabía que había llegado su hora de partir de este mundo y regresar al Padre. Habiendo amado a los suyos que estaban en el mundo, los amó hasta el fin. Era hora de la cena, y el diablo ya había puesto en el corazón de Judas, el hijo de Simón Iscariote, que traicionara a Jesús.

Esa noche en el momento indicado, los doce discípulos y Jesús estaban reclinados a la mesa.

Jesús dijo: "¡Cuánto he ansiado esta hora, el comer esta Pascua con ustedes antes de que comiencen mis sufrimientos! Pues les digo que no volveré a comerla hasta que tenga su pleno cumplimiento en el reino de Dios". Luego tomó una copa de vino, y después de dar gracias, dijo: "Tomen esto y compártanlo. No volveré a beber del fruto de la vid hasta que lo beba de nuevo con ustedes cuando haya venido el reino de Dios".

Jesús sabía que el Padre había puesto todas las cosas en sus manos y que había venido de Dios y estaba regresando a Dios. Se levantó de la mesa, se quitó el manto, se envolvió en una toalla, y puso agua en un recipiente. Luego comenzó a lavar los pies de sus discípulos y a secarlos con la toalla que llevaba a la cintura.

Cuando Jesús llegó hasta Simón Pedro, éste le dijo: "¡Señor! Tú no debes lavar mis pies".

Él contestó: "Ahora no comprendes lo que estoy haciendo, pero lo entenderás después".

"No, protestó Pedro, ¡No me lavarás los pies jamás!"
Jesús respondió: "Pero si no te lavo, no tendrás parte en mí".

Simón Pedro exclamó: "Entonces, Señor, lava no sólo mis pies sino también mis manos y mi cabeza".

Jesús respondió: "Un hombre que se ha bañado está limpio y sólo necesita lavar sus pies. Ustedes están limpios, aunque no todos". Jesús sabía quién le traicionaría. A eso se refería cuando dijo: "No todos ustedes están limpios".

Después de lavar sus pies, se puso su manto y se reclinó otra vez a la mesa. "¿Saben lo que he hecho? Ustedes me llaman Maestro y Señor; y tienen razón porque lo soy. Y puesto que yo, su Señor y Maestro, he lavado sus pies, también ustedes deberían lavarse los pies unos a otros. Les he dado un ejemplo para que lo sigan. Hagan como yo hice. De cierto, un sirviente no es mayor que su señor. Ni tampoco el enviado es mayor que quien le envió. Ustedes saben estas cosas; serán bendecidos si las hacen.

"No estoy diciendo esto a todos ustedes. Yo sé a quiénes he escogido, pero se cumplirá la Escritura:

> **Aun el hombre de mi paz, en quien
> yo confiaba, el que de mi pan comía,
> alzó contra mí el calcañar.**
>
> —Salmo 41:9

"Les digo esto de antemano, para que cuando ocurra ustedes crean que yo soy Él. Cualquiera que reciba a quien yo enviaré me recibe a mí, y cualquiera que me recibe a mí recibe al Padre que me envió."

Ahora Jesús estaba angustiado en espíritu. Mientras estaban reclinados a la mesa comiendo, dijo: "Ciertamente les aseguro que uno de ustedes me va a traicionar". Entonces los discípulos, profundamente apenados, comenzaron a decirle: "Seguramente no yo, Señor, ¿no?" Se miraban unos a otros y comenzaron a discutir quién de ellos haría tal cosa.

Jesús respondió: "Es uno de ustedes doce. Aquí comiendo conmigo está uno que me va a traicionar. Yo, el Hijo del Hombre, voy según lo que está escrito de mí, pero ay de aquél que me traiciona. ¡Le hubiera sido mejor no haber nacido!"

Judas, el traidor, también preguntó: "Maestro, seguramente no soy yo, ¿no?" Jesús le dijo: "Tú mismo lo has dicho".

Uno de sus discípulos, al cual él amaba, estaba reclinado sobre el pecho de Jesús. Pedro le hizo señas para que le preguntara a quién se refería. Apoyándose sobre el pecho de Jesús, el discípulo preguntó: "Señor, ¿quién es?"

Jesús dijo: "Es aquel a quien yo dé el pan mojado en el plato". Y cuando hubo mojado el pan, se lo dio a Judas, hijo de Simón Iscariote. Tan pronto como Judas comió el pan, Satanás entró en él. Entonces Jesús le dijo: "Pronto. Haz lo que vas a hacer". Ninguno de los que estaban a la mesa entendió por qué Jesús le dijo eso. Como Judas era el tesorero, algunos pensaron que le estaba diciendo que pagara la comida, o que diera dinero a los pobres. Judas se fue enseguida, y se internó en la noche.

Tan pronto como Judas hubo salido de la habitación, Jesús dijo: "Ha llegado la hora para que yo, el Hijo del Hombre, sea glorificado. Dios me llevará pronto a mi gloria, y recibirá gloria a causa de todo lo que está sucediéndome".

Mientras comían, Jesús tomó un pan y lo bendijo. Luego lo partió en trozos y lo dio a los discípulos, diciendo: "Tomen esto y coman, pues esto es mi cuerpo dado por ustedes. Hagan esto en memoria de mí".

Después de la cena Jesús tomó una copa de vino y dio gracias. La entregó a ellos, y dijo: "Cada uno de ustedes beba de ella. Este vino es un símbolo del nuevo pacto de Dios en mi sangre, que es derramada para perdonar los pecados de muchos. Atiendan a mis palabras: les digo solemnemente que no beberé vino otra vez hasta el día en que lo beba de nuevo con ustedes en el reino de mi Padre".

Ellos comenzaron a discutir entre sí acerca de quién sería el más grande en el reino venidero.

Jesús dijo: "En este mundo los reyes se enseñorean de sus pueblos, aunque se llaman benefactores. Pero entre ustedes, aquellos que sean los mayores deben tomar el lugar más humilde, y el líder debe ser un servidor. El amo es servido por sus siervos. ¿Acaso no es mayor que ellos? Pero yo soy el que los sirve a ustedes.

"Ustedes han permanecido conmigo en mi tiempo de prueba. Y así como mi Padre me ha asignado un reino, ahora les concedo comer y beber a mi mesa en mi reino. Ustedes se sentarán en tronos, para juzgar a las doce tribus de Israel.

"Hijos, no estaré ya mucho con ustedes. Después me buscarán, pero, como también les dije a los líderes judíos, no podrán encontrarme.

"Ahora les doy un mandamiento nuevo: Ámense unos a otros. Como yo los he amado, ámense unos a otros. Por el amor que se tengan entre ustedes, los hombres conocerán que son mis discípulos."

Pedro le dijo: "Señor, ¿adónde vas? "Él le respondió: "A donde yo voy, no me puedes seguir ahora; pero me seguirás después".

"¿Por qué no puedo ir ahora, Señor?" preguntó Pedro. "Estoy preparado para morir por ti."

Jesús respondió: "¿Morir por mí? Antes de que el gallo cante por la mañana negarás tres veces que me conoces".

SU PROMESA

"No se angustien. Ustedes han confiado en Dios, ahora confíen en mí. En la casa de mi Padre hay muchas moradas. Voy a preparar un lugar para ustedes. Si no fuera verdad, yo se los diría. Cuando esté todo preparado, vendré y los recibiré, para que estén siempre conmigo donde yo estoy. Y ustedes saben donde estoy y cómo llegar allí."

"No, no sabemos, Señor", dijo Tomás. "No tenemos idea de adónde vas, ¿entonces cómo podemos saber el camino?"

Jesús le respondió: "Yo soy el camino, la verdad y la vida. Nadie puede venir al Padre sino a través de mí. Si ustedes hubieran sabido quién soy yo, habrían conocido a mi Padre. Desde ahora lo conocen y lo han visto".

Felipe dijo: "Señor, muéstranos al Padre y estaremos satisfechos".

Jesús replicó: "Felipe, ¿todavía no sabes quién soy, aun después de todo este tiempo que he estado con ustedes? ¡Cualquiera que me ha visto, ha visto al Padre! ¿Por qué pides verlo entonces? ¿No crees que yo estoy en el Padre y que el Padre está en mí? Las palabras que les digo no son mías; sino del Padre que vive en mí, Él hace su obra por medio de mí. Crean que yo estoy en el Padre y el Padre en mí, o al menos crean a causa de las obras que me han visto realizar.

"Cualquiera que cree en mí hará las mismas obras que yo he hecho, y aún mayores hará porque yo voy al Padre. Pueden pedir cualquier cosa en mi nombre, y yo lo haré; porque la obra del Hijo da gloria al Padre. Todo lo que pidan en mi nombre yo lo haré. Esto es para que el Padre sea glorificado en el Hijo. Sí, pidan cualquier cosa en mi nombre, y yo lo haré.

"Si me aman, guardarán mis mandamientos. Pediré al Padre y Él les dará otro Consolador, quién nunca los dejará. Él es el Espíritu de verdad. El mundo no puede recibirlo porque no lo ve ni lo conoce. Pero ustedes sí lo conocen porque Él vive con ustedes y estará en ustedes. No los abandonaré–vendré a ustedes.

"Por un poco de tiempo el mundo no me verá más, pero ustedes sí. Porque yo vivo, ustedes también vivirán. Cuando vuelva a la vida otra vez, sabrán que yo estoy en mi Padre, ustedes en mí, y yo en ustedes.

"Los que guardan mis mandamientos son los que me aman. Y los que me aman serán amados por mi Padre, y yo los amaré. Y me revelaré a ellos."

Judas (no Iscariote) le dijo: "Señor, ¿por qué vas a revelarte sólo a nosotros y no al mundo?"

Él contestó: "Todos los que me aman guardarán mis palabras. Mi Padre los amará, y vendremos a ellos y viviremos con ellos. Mis palabras no son mías. La palabra que ustedes escuchan no es mía, sino del Padre que me envió.

"Les digo estas cosas mientras todavía estoy con ustedes. Pero cuando el Padre envíe en mi nombre al Consolador (el Espíritu Santo), él les enseñará todo y les recordará todo lo que les he dicho.

"Les dejo mi paz. Y la paz que yo doy no es la que el mundo da. Así que no se angustien ni tengan miedo. Como ya les dije, me voy, y vendré a ustedes. Si me aman regocíjense porque voy al Padre, que es mayor que yo.

"Les he dicho esto antes de que suceda, para que cuando suceda, crean.

"No tengo mucho tiempo más para hablar con ustedes, porque viene el gobernador de este mundo, y él no tiene parte en mí. Haré lo que el Padre me encomendó, para que el mundo sepa que amo al Padre.

"Levántense, vámonos."

LES DIJO A SUS DISCÍPULOS QUE LOS AMABA

"Yo soy la Vid verdadera, y mi Padre es el Labrador. Él corta cada rama que no produce fruto, y poda aquellas que *sí* llevan fruto para que produzcan aún más. Ustedes ya han sido podados por la palabra que les he hablado. Permanezcan en mí, y yo permaneceré en ustedes. Una rama no puede producir fruto si es cortada de la vid, y tampoco ustedes a menos que permanezcan en mí.

"Yo soy la Vid; ustedes son las ramas. Los que permanecen en mí, y yo en ellos, producirán mucho fruto. Separados de mí ustedes no pueden hacer nada. Cualquiera que no permanece en mí es desechado como una rama inútil y se seca. Tales ramas se juntan en un montón para ser quemadas. Pero si ustedes permanecen unidos a mí y mis palabras viven en ustedes, pueden pedir lo que deseen y les será hecho. En esto mi Padre es glorificado, en que ustedes lleven mucho fruto y prueben así que son mis discípulos.

"Yo los he amado exactamente como el Padre me ha amado a mí. Permanezcan en mi amor. Cuando ustedes me obedecen, permanecen en mi amor, así como yo obedezco a mi Padre y permanezco en su amor. Les he dicho estas cosas para que mi gozo pueda estar en ustedes, y su gozo pueda ser completo.

"Este es mi mandamiento: que se amen unos a otros como yo los he amado. El mayor amor es dar la vida por los amigos. Ustedes son mis amigos si hacen lo que les pido. Ya no los llamo siervos. Un amo no confía en sus siervos. Los he llamado amigos porque les he dicho todo lo que mi Padre me dijo.

"Ustedes no me eligieron a mí. Yo los elegí a ustedes. Los he comisionado para ir y producir fruto que permanecerá, para que el Padre les dé todo lo que pidan en mi nombre.

"Esto es lo que les mando: que se amen unos a otros.

"Cuando el mundo los aborrezca, recuerden que primero me aborreció a mí. El mundo los amaría si ustedes le pertenecieran, pero ustedes no le pertenecen. Yo los elegí del mundo, y por lo tanto el mundo los aborrece. ¿Recuerdan lo que les dije?: 'Un siervo no es mayor que su señor'. Puesto que a mí me han perseguido, los perseguirán a ustedes. Si ellos escucharan mi palabra, también escucharían la de ustedes. La gente del mundo los aborrecerá porque ustedes me pertenecen a mí, pues ellos no conocen a Dios, quien me envió. No serían culpables si yo no hubiera venido y no les hubiera hablado, pero ahora no tienen excusa por su pecado. Cualquiera que me aborrece, aborrece también a mi Padre. Si yo no hubiera hecho entre ellos señales tan milagrosas que nadie más podría hacer, no serían culpables. Pero vieron todo lo que hice y sin embargo me aborrecieron a mí y también a mi Padre. Esto ha cumplido lo que dicen las Escrituras:

> *"Me aborrecen sin causa…"*
> —SALMO 35:19; 69:4

"Les enviaré al Consolador—que es el Espíritu de verdad. Vendrá a ustedes del Padre y les hablará de mí. Y ustedes también hablarán de mí porque han estado conmigo desde el principio.

"Les he dicho estas cosas a ustedes para que no tropiecen. Los expulsarán de la sinagoga, y vendrá el tiempo en que aquellos que los maten creerán que están sirviendo a Dios. Esto será porque nunca han conocido al Padre o a mí. Les digo estas cosas ahora para que cuando les llegue esa hora, recuerden que ya les había advertido. No se los dije antes porque yo estaba con ustedes.

"Pero ahora estoy volviendo a Aquel que me envió, y ninguno de ustedes me ha preguntado dónde voy. A causa de estas cosas que les he dicho, sus corazones se han llenado de dolor. Pero les digo la verdad: les conviene que yo me vaya, porque si no el Consolador no vendrá. Si yo me voy, él vendrá porque lo enviaré a ustedes. Cuando él venga, convencerá al mundo de pecado, y de justicia, y de juicio. Del pecado del mundo, porque no creen en mí.

Justicia, porque voy al Padre y no me verán más. Juicio, porque el gobernador de este mundo ya ha sido juzgado.

"Tengo muchas más cosas que decirles, pero no pueden oírlas ahora. Cuando venga el Espíritu de verdad, él los guiará a toda la verdad. No hablará sus propias ideas; les dirá lo que oye. Él les dirá todas las cosas. Me glorificará, porque les revelará lo que recibe de mí.

"Todo lo que el Padre tiene es mío; por esto les dije que el Espíritu les revelará todo lo que recibe de mí.

"Dentro de poco me habré ido. Ustedes no me verán. Luego, un poco después, volverán a verme."

Los discípulos se preguntaban uno a otro: "¿Qué quiere decir con 'No me verán, y luego me verán'? ¿Y qué significa 'Voy al Padre'? ¿Y qué quiere decir con 'un poco después'? No sabemos de qué está hablando."

Jesús sabía que ellos querían hacerle preguntas, y dijo: "¿Están preguntándose qué quiero decir? Dije que dentro de poco me habré ido, y ustedes no me verán; y que un poco después me verán de nuevo. Verdaderamente, ustedes llorarán y se lamentarán de lo que va a sucederme, pero el mundo se alegrará. Ustedes se pondrán tristes, pero su tristeza se tornará en gozo. Será como los dolores de una mujer en trabajo de parto. Cuando su hijo nace, ella no se acuerda más de la angustia a causa del gozo de haber traído al mundo un nuevo ser. Ustedes ahora tienen dolor, pero los volveré a ver; entonces su corazón se regocijará, y nadie podrá robarles ese gozo. En ese tiempo no necesitarán preguntarme nada.

"Verdaderamente, si ustedes piden al Padre cualquier cosa en mi nombre, él se la dará. Hasta ahora, ustedes no han pedido nada en mi nombre. Pidan en mi nombre y recibirán, y su gozo será pleno.

"He hablado de estas cosas mediante comparaciones, pero viene la hora en que esto no será necesario, y les hablaré claramente del Padre. Entonces pedirán en mi nombre. No les digo que pediré al Padre a favor de ustedes, porque el Padre mismo los ama porque me aman y han creído que yo vine del Padre. Vine del Padre al mundo, dejaré el mundo y regresaré al Padre otra vez."

Entonces sus discípulos dijeron: "Ahora sí estás hablando con claridad y no con metáforas. Ahora entendemos que sabes todas las cosas y nadie debería ponerlo en duda. Por esto creemos que has venido de Dios".

Jesús les contestó: "¿Ahora creen? La hora viene, y ya ha llegado, cuando ustedes serán dispersados y se irán cada uno por su camino, y me dejarán solo. Sin embargo, no estoy solo, porque el Padre está conmigo.

"Les he dicho esto para que tengan paz. En el mundo tienen mucha aflicción y dolor. Tengan ánimo; yo he vencido al mundo."

Jesús preguntó: "Cuando los envié a predicar las Buenas Noticias y no tenían dinero, bolso o ropa adicional, ¿les faltó algo?"

"No", le respondieron.

"Pero ahora, dijo Jesús, tomen su dinero y una bolsa. Y si no tienen espada, ¡vendan su ropa y compren una! Ha llegado la hora de que se cumpla esta profecía acerca de mí:

"Fue contado entre los transgresores..."
—ISAÍAS 53:12, NVI

"Todo lo dicho por los profetas acerca de mí se cumplirá."

"Señor, le dijeron, tenemos dos espadas aquí".

"¡Basta!", replicó.

Después cantaron un himno y se fueron al Monte de los Olivos, como Jesús acostumbraba.

"Esta noche todos ustedes me abandonarán", les dijo.

"Las Escrituras dicen:

"Hiere al pastor, y serán dispersadas las ovejas."

—ZACARÍAS 13:7

"Pero después de que me levante de los muertos iré delante de ustedes a Galilea y me reuniré con ustedes allí."

Pedro declaró: "Señor, aunque todos los demás te abandonen, yo nunca lo haré".

Pero Jesús dijo: "Pedro, esta misma noche, antes de que el gallo cante, tú mismo me negarás tres veces. Simón, Simón, Satanás ha pedido tenerte, para sacudirte como trigo. Pero yo he orado por ti, que tu fe no falle. Así que cuando te arrepientas y hayas vuelto otra vez, fortalece a tus hermanos".

Pedro me dijo: "Señor, estoy preparado para ir a prisión contigo y hasta morir contigo".

"Pedro, en verdad, esta misma noche, antes de que el gallo cante, me negarás tres veces".

"¡No!", insistió Pedro. "¡Ni aunque tuviera que morir contigo! ¡Nunca te negaré!" Y todos los demás juraban lo mismo.

MEDIANOCHE DEL 3 DE ABRIL DE 30 D.C.

Después de esto, Jesús cruzó el Valle del Cedrón hacia el Monte de los Olivos con sus discípulos y entró a un olivar llamado Getsemaní.

Allí, les dijo: "Siéntense aquí mientras oro".

Jesús tomó a Pedro y a los dos hijos de Zebedeo, Jacobo y Juan, y comenzó a entristecerse y afligirse mucho. Les dijo: "Mi alma está abatida por la tristeza al punto de la muerte, así que permanezcan aquí y manténganse despiertos conmigo. Oren que no sean vencidos por la tentación".

Jesús se adelantó un poco (como a un tiro de piedra), se arrodilló, y puso su rostro sobre la tierra. Él oraba que, si fuera posible, la horrible hora que le aguardaba pasara de él. "Abba, Padre, oraba, todas las cosas son posibles para ti. ¡Padre mío! Si es tu voluntad, quita esta copa de mí. Sin embargo, yo deseo que se haga tu voluntad, no la mía".

Después regresó adonde estaban los discípulos y los halló dormidos. Dijo a Pedro: "¡Simón! ¿Estás dormido? ¿No pudiste velar conmigo ni siquiera una hora? Estén alertas y oren, para que no caigan en tentación. El espíritu está dispuesto, ¡pero la carne es débil!"

Los dejó por segunda vez y oró, diciendo las mismas palabras. "¡Padre! Si es tu voluntad, quita esta copa de mí. Pero si no puede quitarse esta copa a menos que yo la beba, que se haga tu voluntad."

Un ángel del cielo apareció entonces para fortalecerlo. Estando en agonía, Jesús oraba muy fervientemente, y su sudor caía a tierra como grandes gotas de sangre.

Cuando se levantó de la oración y regresó con los discípulos, los encontró durmiendo. No podían mantener sus ojos abiertos. "¿Por qué están durmiendo", les preguntó. "Levántense y oren que no entren en tentación". Y ellos no sabían cómo responderle.

Jesús fue a orar por tercera vez, diciendo lo mismo una vez más. Después volvió nuevamente donde estaban sus discípulos, y dijo: "¿Todavía están durmiendo? Miren, ha llegado la hora. El Hijo del Hombre es entregado en manos de pecadores.

"Levántense, vámonos. ¡El que me traiciona ya está aquí!"

TRAICIONADO CON UN BESO

Inmediatamente, llegó una turba armada con espadas y palos, encabezada por Judas. Él era uno de los doce discípulos de Jesús. Judas el traidor conocía ese lugar, porque Jesús había ido muchas veces allí con sus discípulos.

La turba había sido enviada por los jefes de los sacerdotes, los escribas, los fariseos (que eran los maestros de la ley religiosa), y también los ancianos del pueblo. Los jefes de los sacerdotes y los fariseos le habían dado a Judas un destacamento de soldados romanos y guardias del templo para acompañarlo. Llegaron al olivar con antorchas encendidas, lámparas y armas.

Judas les había dado una señal: "Sabrán a quién arrestar cuando yo me adelante y lo salude con un beso. Luego arréstenlo y llévenlo con la guardia".

Tan pronto como llegaron, Judas se acercó a Jesús. "¡Hola, Maestro!", le dijo.

Jesús dijo: "Amigo, lo que has venido a hacer, hazlo".

Entonces Judas lo besó.

Jesús dijo: "Judas, ¿me traicionas a mí, el Hijo del Hombre, con un beso?"

Jesús era consciente de todo lo que le iba a suceder, y adelantándose al encuentro de la multitud, preguntó: "¿A quién buscan?"

"A Jesús de Nazaret", contestaron.

"Yo soy Jesús", dijo él.

Judas, quien lo traicionó, permanecía allí con ellos. Cuando dijo: "Yo soy Jesús", ¡dieron un paso atrás y cayeron al suelo!

Una vez más les preguntó: "¿A quién buscan?" Nuevamente, respondieron: "A Jesús el Nazareno".

"Ya les dije que yo soy", dijo él. "Ya que soy yo el que ustedes buscan, dejen que estos se vayan." Jesús hizo esto para que se cumpliera su propia declaración: "De aquellos que me diste, no perdí ninguno".

Entonces los otros prendieron a Jesús.

Cuando los discípulos vieron lo que iba a suceder, exclamaron: "Señor, ¿Atacamos con la espada?" Entonces Simón Pedro sacó una espada y cortó la oreja derecha de Malco, un siervo del sumo sacerdote. Pero Jesús dijo: "No resistan más". Tocó luego el lugar donde había estado la oreja del hombre y lo sanó.

Jesús dijo entonces a Pedro: "Envaina tu espada. Los que a hierro maten, a hierro morirán. ¿No te das cuenta de que podría pedir a mi Padre miles de ángeles que me protejan, y él los enviaría al instante? Pero si yo lo hiciera, ¿cómo se cumplirían las Escrituras que dicen que así tiene que suceder? ¿No beberé de la copa que el Padre me ha dado?"

Luego dijo Jesús a la multitud y a los que guiaban a la turba, es decir, los jefes de los sacerdotes, los oficiales del templo, y los ancianos: "¿Soy un criminal tan peligroso que han venido a arrestarme armados con espadas y palos? ¿Por qué no me arrestaron en el templo? Yo estaba allí enseñando todos los días. Pero ésta es su hora, y el poder de las tinieblas es de ustedes. Esto sucede para que se cumplan las palabras de los profetas registradas en las Escrituras".

Entonces todos los discípulos dejaron a Jesús y huyeron.

Había un jovencito que lo seguía, llevando solamente una sábana de lino sobre su cuerpo. Cuando la turba trató de apoderarse de él, soltó la sábana y escapó desnudo.

JESÚS JUZGADO POR LOS JUDÍOS

ANTES DEL AMANECER DEL 4 DE ABRIL DE 30 D.C.

Así que los soldados, los oficiales, y los guardias del templo arrestaron a Jesús y lo ataron. Primero lo llevaron ante Anás, pues éste era el suegro de Caifás, quien era sumo sacerdote ese año.

(Caifás era el hombre que había dicho a los otros líderes: "Mejor que uno muera por todos").

Dentro, el sumo sacerdote comenzó a preguntar acerca de los seguidores de Jesús y lo que éste había estado enseñando.

Jesús replicó: "Lo que enseño es ampliamente conocido, porque he predicado regularmente en las sinagogas y en el templo donde se reúnen todos los judíos, y nada he hablado en secreto. ¿Por qué me haces estas preguntas? Pregunta a quienes me han oído. Ellos saben lo que enseño".

Uno de los guardias del templo golpeó a Jesús en el rostro. "¿Ésa es manera de responder al sumo sacerdote?" Jesús respondió: "Si dije algo mal, debes testificar en qué está mal; pero si hablo la verdad, ¿por qué me golpeas?" Entonces Anás lo envió a Caifás el sumo sacerdote. Los que habían arrestado a Jesús lo llevaron con el sumo sacerdote, donde se habían reunido los jefes de los sacerdotes, los maestros de la ley, y los ancianos.

Pedro los seguía de lejos, así como otro de los discípulos. Por fin llegaron al patio del sumo sacerdote. El otro discípulo era conocido del sumo sacerdote, así que le permitieron entrar al patio con Jesús. Pedro se quedó fuera. Entonces el otro discípulo habló con la criada que cuidaba la puerta, para que también le permitiera pasar a Pedro.

Los guardias y los sirvientes de la casa se hallaban junto al fuego porque hacía mucho frío. Pedro estaba de pie junto a los guardias, calentándose con el fuego. Esperaba para ver lo que iba a suceder con Jesús.

Mientras tanto, los jefes de los sacerdotes y también todo el concilio supremo, o Sanedrín, trataban de obtener testimonio contra Jesús, para poder darle muerte. Pero no hallaban ninguno. Muchos estaban dando falso testimonio contra él pero sus testimonios no concordaban.

Los que daban falso testimonio contra Jesús se contradecían unos a otros. Más tarde, se adelantaron dos hombres y dijeron: "Le oímos decir 'Destruiré este templo hecho con manos, y en tres días construiré otro, hecho sin manos'." ¡Pero ni siquiera éstos se ponían de acuerdo!

Entonces el sumo sacerdote se puso de pie delante de los demás y preguntó a Jesús: "¿No respondes a estos cargos?" Jesús se mantuvo en silencio; no contestó.

Luego el sumo sacerdote preguntó: "¿Eres tú el Cristo, el Hijo de Dios? Te ordeno en el nombre del Dios viviente que nos digas si eres el Cristo, el Hijo de Dios".

Jesús respondió: "Tú lo has dicho. Yo soy. Y me verán a mí, el Hijo del Hombre, sentado a la diestra del Dios Todopoderoso, viniendo en las nubes del cielo".

El sumo sacerdote rasgó sus vestiduras y dijo: "¡Ha blasfemado! ¿Qué necesidad tenemos de más testigos? Ustedes han oído la blasfemia. ¿Cuál es su veredicto?"

"¡Merece la muerte!" Y todos lo condenaron a muerte.

Luego algunos de ellos comenzaron a escupirlo mientras otros lo abofeteaban. Le vendaron los ojos; y después le dieron puñetazos. Los guardias que estaban a cargo de Jesús comenzaron a mofarse de él y a golpearlo. "¡Profetiza, Mesías! ¿Quién te golpeó esta vez?" Los guardias profirieron toda clase de horribles insultos contra él. Seguían golpeándolo mientras lo llevaban.

LA NEGACIÓN DE PEDRO

Mientras Pedro estaba sentado en el patio, una criada lo vio y comenzó a observarlo. Dijo: "Estabas con Jesús el galileo, ¿no?"

"No, respondió Pedro, yo no estaba."

Entonces ella dijo: "¡Este hombre era uno de los seguidores de Jesús!"

Pedro lo negó otra vez. "Mujer, ni sé de qué estás hablando." Pedro se fue. En ese momento, el gallo cantó.

Más tarde, fuera de la puerta, otro criada notó a Pedro y dijo a los que estaban alrededor: "Este hombre estaba con Jesús de Nazaret. ¡Definitivamente es uno de ellos!" Otro miró a Pedro y dijo: "¡Tú debes ser uno de ellos!" Pedro lo negó, esta vez con un juramento. "¡No, no lo soy! No conozco al hombre".

Cerca de una hora más tarde vinieron otros y le dijeron: "Tú debes ser uno de ellos; lo decimos porque hablas como un galileo". Alguien más insistió: "Éste debe ser uno de los discípulos de Jesús porque también es galileo." Uno de los siervos del sumo sacerdote, pariente de aquel hombre a quien Pedro le cortó una oreja, preguntó: "¿No te vi allí en el olivar con Jesús?" Otra vez, Pedro lo negó. "Hombre, dijo, no sé de qué estás hablando". Comenzó a maldecir y a jurar: "No conozco al hombre". E inmediatamente el gallo cantó por segunda vez.

En ese momento Jesús se dio vuelta y miró a Pedro.

Éste recordó las palabras del Señor, cuando le dijo: "Antes de que el gallo cante dos veces tú me negarás tres veces".

Pedro salió fuera y lloró amargamente.

INTERRO-GADO POR EL CONCILIO

AMANECER DEL 4 DE ABRIL DE 30 D.C.

Cuando se hizo de día, al alba, los jefes de los sacerdotes, ancianos, escribas y todo el concilio supremo, o Sanedrín, se volvió a reunir para tomar una decisión conjunta contra Jesús para enviarlo a la muerte.

Jesús fue llevado ante el concilio supremo. Ellos le dijeron: "Dinos si tú eres el Cristo".

Él replicó: "Si lo dijera, ustedes no me creerían. Y si les hiciera preguntas, ustedes no me responderían. Pero yo, el Hijo del Hombre, me sentaré a la diestra del Padre Todopoderoso".

Todos ellos gritaron: "Entonces ¿tú eres el Hijo de Dios?" Jesús respondió: "Sí, yo soy".

"No necesitamos más testigos", gritaron ellos. "Lo hemos oído nosotros mismos de su propia boca". Entonces lo ataron y el concilio en pleno llevó a Jesús a Pilatos, que era el gobernador romano.

EL FIN DE JUDAS

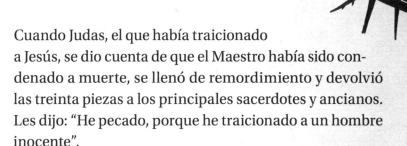

Cuando Judas, el que había traicionado a Jesús, se dio cuenta de que el Maestro había sido condenado a muerte, se llenó de remordimiento y devolvió las treinta piezas a los principales sacerdotes y ancianos. Les dijo: "He pecado, porque he traicionado a un hombre inocente".

Pero ellos le dijeron: "¿Y eso qué nos importa? ¡Es problema tuyo!"

Judas arrojó las piezas de plata en el templo, salió y se ahorcó.

Los principales sacerdotes tomaron las piezas de plata y dijeron: "No está permitido echarlas en el tesoro de las ofrendas, porque es precio de sangre".

Consultaron entre ellos y finalmente resolvieron comprar con ese dinero un terreno conocido como Campo del Alfarero, para sepultar allí a los extranjeros. Por eso se le ha llamado Campo de Sangre hasta el día de hoy. Así se cumplió lo dicho por el profeta Jeremías:

Tomaron las treinta monedas de
plata, el precio que el pueblo de
Israel le había fijado, y con ellas
compraron el campo del alfarero,
como me ordenó el Señor.

—Zacarías 11:12–13

CRISTO ANTE PILATO Y HERODES

MAÑANA DEL 4 DE ABRIL DE 30 D.C.

El juicio de Jesús ante Caifás había terminado en las primeras horas de la mañana.

Todos los del concilio llevaron a Jesús a la residencia del gobernador romano, el Pretorio, para que compareciera ante Pilato.

Sus acusadores no entraron al Pretorio, porque se hubieran contaminado y no podrían comer la Pascua. Así que Pilato salió a su encuentro y les preguntó: "¿Qué acusación traen contra este hombre?"

Ellos respondieron: "Si no fuera un malhechor, no te lo habríamos entregado".

Así que Pilato les dijo: "Tómenlo ustedes y júzguenlo según su propia Ley".

Los judíos le dijeron: "No se nos permite dar muerte a nadie". Esto sucedió para que se cumpliera la palabra de Jesús, dando a entender de qué muerte moriría.

Ellos comenzaron a acusarlo: "Este hombre ha pervertido a nuestra nación diciéndole que no pague sus impuestos al César y proclamando que es el Cristo, un rey".

Entonces Pilato regresó al Pretorio y pidió que le trajeran a Jesús, quien se encontró ahora de pie frente al gobernador romano.

"¿Eres el rey de los judíos?", le preguntó el gobernador.

Jesús respondió: "Sí, es como tú dices. ¿Lo dices por ti mismo, u otros te han hablado de mí?"

"Yo no soy judío, ¿cierto?, argumentó Pilato. Tu propia nación y los principales sacerdotes te han traído aquí. ¿Qué has hecho?"

Jesús respondió: "Mi reino no es de este mundo. Si lo fuera, mis seguidores pelearían para que no fuese entregado a los judíos. Pero mi reino no es de aquí".

Pilato replicó: "¿Entonces sí eres un rey?"

"Estás en lo correcto al decir que soy un rey. Nací para esto y con este propósito vine al mundo: para dar testimonio de la verdad. Todo el que está de parte de la verdad, oye mi voz".

"¿Qué es la verdad?", preguntó Pilato, y salió otra vez a donde estaba la gente. Dijo: "No encuentro delito en este hombre".

Pero ellos siguieron insistiendo, y decían: "causa alboroto en todo lugar a donde va, enseña por toda Judea, desde Galilea incluso hasta este lugar".

"Oh, ¿es un galileo?", replicó Pilato. Cuando supo que Jesús pertenecía a la jurisdicción de Herodes, se lo envió. Herodes estaba en Jerusalén en ese momento.

A Herodes le gustó ver a Jesús, ya que había oído de él y esperaba verlo hacer algún milagro. Herodes estuvo un tiempo haciéndole preguntas, pero Jesús no le respondió nada.

Mientras tanto, los principales sacerdotes y maestros de la ley permanecían allí de pie gritando sus acusaciones.

Luego Herodes y sus soldados comenzaron a tratar a Jesús con desprecio y a burlarse de él. Le pusieron un manto real y se lo enviaron de vuelta a Pilato.

Herodes y Pilato, que estaban enemistados, se amigaron aquel día.

Pilato convocó a los principales sacerdotes y otros líderes religiosos, junto con el pueblo. Jesús salió vistiendo el manto, y Pilato anunció su veredicto: "Trajeron ante mí a este hombre, acusándolo de incitar a la rebelión. Lo he interrogado respecto de este cargo delante de ustedes y lo encuentro inocente. Herodes llegó a la misma conclusión y por eso lo devolvió a nosotros. Este hombre no ha hecho nada que merezca la muerte.

"Ustedes tienen por costumbre pedirme que suelte a un preso cada año, para la Pascua. Haré que azoten a Jesús y luego lo soltaré".

Los principales sacerdotes lo acusaron cruelmente de muchos más crímenes, y Jesús no respondió nada. Pilato le preguntó: "¿No oyes todos los cargos que hacen contra ti? ¿No vas a responderles?" Pero Jesús no respondió ni a uno sólo de los cargos. Pilato estaba muy asombrado.

Ahora bien, el gobernador acostumbraba soltar a un prisionero a la multitud cada año durante la celebración de la Pascua —cualquiera que el pueblo pidiera. Este año había en prisión un criminal notorio llamado Barrabás, quien había sido condenado por asesinato, por robo y por formar parte de una insurrección en Jerusalén en contra del gobierno.

La multitud comenzó a agolparse en torno a Pilato, y le pedían que soltara a un prisionero como siempre lo hacía. A medida que aquellas personas se reunían frente a la casa de Pilato aquella mañana, él les decía: "¿A cuál quieren que les suelte: a Barrabás o a Jesús, llamado el Mesías?" Para entonces, Pilato ya se había dado cuenta de que los principales sacerdotes habían arrestado a Jesús por envidia.

En ese momento, cuando Pilato estaba sentado en el sillón del tribunal, su esposa le envió este mensaje: "Deja tranquilo a este hombre inocente. Tuve unos sueños horribles sobre él anoche".

Para entonces, de cualquier manera, los principales sacerdotes ya habían persuadido a la multitud para que pidiera que Barrabás fuera soltado y Jesús crucificado. Así que el gobernado volvió a preguntar: "¿Cuál de estos dos quieren que suelte? ¿Les entrego al Rey de los Judíos?"

Los principales sacerdotes y los ancianos incitaron a la multitud para que reclamara la liberación de Barrabás. Vociferaban todos juntos: "¡No! No este hombre, sino Barrabás!" Entonces un poderoso rugido emergió de la turba, que al unísono gritaba: "¡Mátenlo a él y suelten a Barrabás!"

Pilato discutió con ellos, porque quería liberar a Jesús. "Pero si suelto a Barrabás, les preguntaba Pilato, ¿qué haré con Jesús, este hombre al que ustedes llaman el Rey de los Judíos, el Cristo?" Y todos le respondieron a gritos: "¡Crucifícalo! ¡Crucifícalo!"

Por tercera vez, Pilato les pidió: "¿Por qué? ¿Qué crimen ha cometido? No he encontrado ninguna razón para sentenciarlo a muerte. Por lo tanto lo azotaré y lo dejaré ir".

La multitud bramaba aún con más fuerza por la muerte de Jesús. "Fuera con él", exclamaban. "Fuera con él; ¡crucifícalo!"

"¡Ustedes lo crucifican!, replicó Pilato. Yo no encuentro culpa en él."

Los líderes judíos le respondieron: "De acuerdo con nuestras leyes debe morir. Se llamó a sí mismo el Hijo de Dios".

Cuando Pilato oyó esto, tuvo más miedo que nunca. Llevó de vuelta a Jesús a sus cuarteles y lo interrogó: "¿De dónde eres?" Pero Jesús no le respondió.

"¿No hablarás conmigo? ¿No te das cuenta que tengo poder para soltarte o para crucificarte?" Entonces Jesús le dijo: "No tendrías ningún poder sobre mí, si no se te hubiera dado de arriba. Por eso el que me puso en tus manos carga con el pecado más grande."

Entonces Pilato trató de soltar a Jesús pero los líderes judíos le dijeron: "Si liberas a este hombre, no eres amigo del César. Cualquiera que se declare a sí mismo rey está en rebelión contra el César".

Cuando le dijeron esto, Pilato salió otra vez y se dirigió a la gente: "Se los traeré a ustedes ahora, pero entiendan claramente que yo no encuentro culpa en él". Pilato entonces les trajo nuevamente a Jesús y les dijo: "Aquí está el hombre". Luego Pilato se sentó en el tribunal, sobre la plataforma llamada El Empedrado (en hebreo Gábata). Eran como las seis de la mañana del día de la preparación para la Pascua. Pilato dijo a los judíos "Aquí tienen a su rey".

Al ver a Jesús, los principales sacerdotes y los guardias del templo comenzaron a gritar "¡Crucifícalo! ¡Crucifícalo!" Pilato les respondió "¿A su rey debo crucificar?" "No tenemos otro rey más que César", exclamaron los principales sacerdotes.

Pilato entendió que no lograría nada y que un motín estaba en desarrollo, así que pidió una vasija de agua y se lavó las manos frente a la multitud, mientras les decía: "Soy inocente de la sangre dc este hombre. La responsabilidad es de ustedes".

La gente le contestó a gritos "Nosotros nos hacemos responsables por su muerte. Nosotros y nuestros hijos."

Así que sus voces prevalecieron. Pilato, deseando agradar a la multitud, les entregó a Jesús para que fuera crucificado, luego de haberlo azotado.

Pilato les soltó a Barrabás, el hombre que estaba en prisión por rebelión y asesinato. Pero entregó a Jesús a los soldados romanos para que lo crucificaran.

Algunos de los soldados del gobernador llevaron a Jesús al patio de la residencia del funcionario, el Pretorio, y reunieron a su alrededor a toda la compañía romana. Lo desnudaron y le pusieron encima un manto púrpura. Hicieron una corona de largas y filosas espinas y la colocaron sobre su cabeza, y pusieron una caña en su mano derecha, imitando un cetro.

Se hincaron de rodillas ante él, burlándose y gritando: "Salve, rey de los judíos".

Lo golpearon con sus puños. Escupieron sobre él y tomando la caña le pegaron en la cabeza con ella. Luego de mofarse de él, le quitaron el manto y le volvieron a poner su ropa.

Después de esto, llevaron a Jesús para que fuera crucificado.

LA CRUCIFIXIÓN

DESDE LA MAÑANA HASTA LA TARDE DEL 4 DE ABRIL, GÓLGOTA

Los soldados tomaron a Jesús, y él salió, cargando su propia cruz. Mientras lo llevaban, vieron pasar a un caminante llamado Simón, originario de Cirene. Este, justo en ese momento, venía del campo, y lo obligaron a seguir a Jesús y cargar su cruz. (Simón es el padre de Alejandro y Rufo).

Grandes multitudes lo seguían, incluyendo muchas mujeres que lloraban y se lamentaban por él. Jesús se dio vuelta hacia ellas y les dijo: "Hijas de Jerusalén, no lloren por mí, sino por ustedes mismas y por sus hijos. Porque vendrán días en que dirán: 'Dichosas las mujeres estériles, los vientres que nunca han dado a luz un hijo y los pechos que no amamantaron'. Entonces rogarán a las montañas que caigan sobre ellos y a las colinas que los cubran. Porque si hacen estas cosas cuando el árbol está verde, ¿qué harán cuando esté seco?"

Otros dos, ambos criminales, eran llevados para ser ejecutados con Jesús. Finalmente, llegaron a un lugar llamado Gólgota, que significa Lugar de la Calavera. Allí lo crucificaron.

9:00 DE LA MAÑANA

Eran las nueve de la mañana cuando se llevó a cabo la crucifixión.

Los soldados dieron a Jesús vino mezclado con mirra, que es un trago amargo, pero cuando lo probó, no quiso tomarlo.

Luego lo clavaron en la cruz y lo crucificaron. Jesús dijo: "Padre, perdónalos, porque no saben lo que hacen".

12:00, MEDIODÍA

Pilato colocó en la cruz, encima de la cabeza de Jesús, un letrero que anunciaba de qué se lo acusaba. Decía : "Este es Jesús de Nazaret, Rey de los Judíos". El lugar en que Jesús fue crucificado se encontraba cerca de la ciudad, y el letrero estaba escrito en hebreo, latín y griego, para que mucha gente pudiera leerlo.

Entonces los principales sacerdotes dijeron a Pilato: "No escribas 'Rey de los Judíos' sino di: 'Él decía ser Rey de los Judíos'."

Pilato les respondió: "Lo que he escrito, escrito está".

Ambos criminales fueron crucificados allí con Jesús. Él estaba en la cruz del centro, y los otros dos a sus lados. Se cumplió así la Escritura que decía que sería contado con los transgresores.

Después que los soldados hubieron clavado a Jesús en la cruz, sortearon sus ropas para ver qué se llevaría cada uno. Se dividieron sus prendas exteriores entre cuatro de los soldados. También tomaron su túnica, que no tenía costuras, sino que estaba tejida en una sola pieza. Así que dijeron:

**"No la partamos, sino echemos suertes
sobre ella, a ver quién se la lleva".**

Esto para que se cumpliera la Escritura:

**"Repartieron entre sí mis vestidos,
y sobre mi ropa echaron suertes."**
—SALMO 22:18

Los guardias se sentaron y comenzaron a vigilar a Jesús mientras colgaba de allí.

La multitud observaba. Los líderes reían y se burlaban. La gente que pasaba gritaba insultos y movía su cabeza en son de burla.

"¡Ja! ¿Así que puedes destruir el templo y reconstruirlo en tres días? Si eres el Hijo de Dios, ¡sálvate a ti mismo! ¡Bájate de la cruz!"

Los principales sacerdotes, maestros de la ley y ancianos se mofaban de él. "Salvó a otros, se burlaban, ¡pero no puede salvarse a sí mismo!"

"Dejen que el Cristo, el Rey de Israel, baje de la cruz."

"Dejen que se salve a sí mismo, si es el escogido de Dios. ¡Entonces sí creeremos!"

"¡Confió en Dios; que Dios lo salve!"

"El decía 'Soy el Hijo de Dios'; que baje de la cruz así veremos y creeremos." Los soldados también se burlaban de Jesús. Después de ofrecerle un sorbo de vinagre, le gritaban: "¡Si eres el Rey de los Judíos, sálvate a ti mismo!"

Uno de los criminales que colgaban junto a Jesús también lo injuriaba y le decía: "¿No eres el Cristo? ¡Sálvate a ti mismo y sálvanos a nosotros!"

El otro malhechor reprendió al primero y le dijo: "¿Ni siquiera temes a Dios? Estás a punto de morir. Nosotros estamos recibiendo lo que merecemos por nuestros hechos, pero este hombre no hizo ningún mal".

Luego continuó: "Jesús, acuérdate de mí cuando vengas en tu reino". Jesús le respondió: "Te aseguro que hoy estarás conmigo en el paraíso".

Parados junto a la cruz estaban su madre, la hermana de su madre, María la esposa de Cleofás, y María Magdalena. Cuando él vio a su madre y al discípulo a quien amaba, le dijo: "Mujer, ahí tienes a tu hijo". Y luego le dijo al discípulo: "Ahí tienes a tu madre". A partir de entonces, el discípulo la recibió en su propia casa.

Al mediodía, la oscuridad cayó sobre toda la tierra hasta las tres de la tarde. La luz del sol desapareció.

3:00 DE LA TARDE

Alrededor de las tres de la tarde, Jesús clamó en alta voz: "Eloi, Eloi, ¿lama sabachthani?", que traducido significa: "Dios mío, Dios mío, ¿por qué me has desamparado?" Algunos de los que allí se encontraban decían: "Llama a Elías".

Luego de todas las cosas que sucedieron, Jesús sabía que ya todo se había cumplido para que se completaran las Escrituras, y dijo: "Tengo sed". Había allí una tinaja con vino agrio, así que uno de los guardias empapó una esponja en el líquido, la puso en el extremo de una caña y la extendió hasta sus labios para que pudiera tomar. Pero los demás decían: "Veamos si viene Elías a liberarlo".

Cuando hubo recibido el vino agrio dijo: "Consumado es". Luego inclinó su cabeza, y gritó con fuerza diciendo: "Padre, en tus manos encomiendo mi espíritu". Y con esas palabras dio el último suspiro y entregó su espíritu.

El velo del templo se rasgó en dos, desde arriba hacia abajo. La tierra tembló y las rocas se partieron. Las tumbas se abrieron, y muchos cuerpos de santos que habían dormido se levantaron. Después de la resurrección de Cristo, salieron de sus tumbas y entraron en la ciudad santa y se le aparecieron a mucha gente.

El oficial romano y los soldados se asustaron mucho por el terremoto y por todo lo que había sucedido, entonces dijeron: "¡Verdaderamente éste era el Hijo de Dios!"

El centurión que se encontraba de pie justo frente a él observó la forma en que dio su último suspiro y dijo: "Ciertamente este hombre era inocente". Y comenzó a alabar a Dios.

Cuando la multitud que había ido a ver el espectáculo vio lo que había ocurrido, se volvió, golpeándose el pecho. Pero los amigos de Jesús, incluyendo las mujeres que lo habían seguido desde Galilea, estaban de pie a lo lejos, observando lo que ocurría, incluso María Magdalena,

María (madre de Jacobo, el menor y de José), Salomé y la esposa de Zebedeo, madre de Jacobo y de Juan. Ellas habían sido seguidoras de Jesús y le habían servido cuando estuvo en Galilea. Muchas otras mujeres también habían venido con él a Jerusalén, y miraban desde lejos.

Los líderes judíos no querían que los cuerpos siguieran allí colgados al día siguiente, que era el sábado (especialmente porque este sábado era un día santo) así que pidieron a Pilato que acelerase las muertes ordenando que se les quebraran las piernas, para así poder bajarlos.

Entonces los soldados fueron y quebraron las piernas de los dos hombres que habían sido crucificados junto a Jesús. Cuando llegaron a él, vieron que ya estaba muerto, así que no quebraron sus piernas. Uno de los soldados, sin embargo, le traspasó el costado con su espada, y fluyó agua y sangre.

Estas cosas sucedieron para que se cumplieran las Escrituras que dicen:

> "Ni uno de sus huesos
> será quebrantado."
> —ÉXODO 12:46;
> NÚMEROS 9:12; SALMO 34:20

y

> "Y mirarán a mí, a quien traspasaron."
> —ZACARÍAS 12:10

SU SEPULTURA

DESDE EL FIN DE LA TARDE HASTA EL COMIENZO DE LA NOCHE EN LA TUMBA DE JOSÉ

Todo esto ocurrió en el día de la preparación de la Pascua (víspera del sábado).

Había un hombre llamado José, un hombre rico de Arimatea, y también miembro prominente del supremo concilio judío, persona buena y justa. (Él no había estado de acuerdo con el plan ni con las acciones del concilio.) Había llegado a ser discípulo de Jesús, secretamente, por temor a los judíos. Él esperaba el reino de Dios. Este hombre tomó coraje y se presentó ante Pilato y le pidió permiso para llevarse el cuerpo de Jesús.

Pilato se preguntó si para entonces Jesús realmente habría muerto. Hizo venir al centurión a cargo y le preguntó si Jesús ya estaba muerto. El oficial lo confirmó, así que Pilato dio la orden de que le entregaran el cuerpo a José.

José bajó de la cruz el cuerpo de Jesús y se lo llevó. Nicodemo, el hombre que había ido a Jesús de noche, también lo acompañó, trayendo unas cien libras de un ungüento para embalsamar hecho con áloe y mirra. José llevó además una gran sábana de lino. Juntos, envolvieron el cuerpo en la larga pieza de lino, con especias, siguiendo la costumbre judía para los entierros. (Esto ocurrió al caer la noche.)

El lugar de la crucifixión se encontraba cerca de un huerto, en el cual había un sepulcro nuevo (propiedad de José), que había sido cavado en la roca y aún no había sido usado. Era el día de la preparación para la Pascua, el sábado estaba por comenzar, y como la tumba estaba tan cerca, tendieron a Jesús allí. José hizo rodar una gran piedra sobre la entrada y se fueron.

Cuando el cuerpo de Jesús era llevado hasta allí, las mujeres de Galilea lo siguieron y vieron la tumba en la cual lo colocaban. Tanto María Magdalena como la otra María, la madre de José, estaban allí sentadas observando. Luego fueron a sus casas y prepararon especias y ungüentos para embalsamarlo. Para cuando terminaron todo esto, ya era sábado, así que reposaron todo el día, como lo establecía la ley.

SU TUMBA FUE SELLADA

5 DE ABRIL DE 30 D.C.

Al día siguiente, el primer día de la Pascua, los principales sacerdotes y los fariseos fueron a Pilato. Le dijeron: "Nos acordamos de lo que dijo aquél engañador mientras aún estaba con vida: 'Después de tres días, resucitaré'. Por lo tanto, te pedimos que asegures su sepulcro hasta el tercer día. Esto evitará que sus discípulos roben el cuerpo y luego les digan a todos: 'Él ha resucitado de los muertos'. Si eso ocurriera, estaríamos peor de lo que estábamos antes."

Pilato les respondió: "Allí tienen un guardia; aseguren el sepulcro lo mejor que puedan". Así que ellos aseguraron la tumba, y el guardia colocó un sello en la piedra.

MAÑANA DE RESURRECCIÓN

MAÑANA DEL 6 DE ABRIL DE 30 D.C.
TRES MUJERES EN EL SEPULCRO

Luego del día sábado, cuando amanecía el domingo, María (la de Magdala) y la otra María fueron a dar una mirada al sepulcro.

De repente, hubo un gran terremoto. Un ángel del Señor bajó del cielo. Fue hasta la gran piedra y la movió. Luego el ángel se sentó encima de la roca.

Su apariencia era brillante como un relámpago. Sus ropas, blancas como la nieve.

Los hombres que estaban custodiando la tumba quedaron como muertos; temblaban de miedo.

El ángel dijo a las mujeres: "No teman. Yo sé que están buscando a Jesús, quien fue clavado a la cruz.

"¡Él no está aquí! Él fue levantado de la muerte, tal como lo dijo. Vengan, miren el lugar donde él yacía.

"Vayan deprisa y digan a sus seguidores: '¡Jesús ha sido levantado de la muerte! Oigan, Él irá delante de ustedes a la tierra de Galilea. Allí lo verán.' Recuerden que se los he dicho."

Las mujeres salieron del sepulcro rápidamente. Sentían temor, pero también gran gozo. Corrieron para relatar todo lo acontecido a los seguidores de Jesús.

De repente, Jesús las encontró. Les dijo "¡Salve!" Fueron hacia Él, lo tomaron de sus pies, y lo alabaron.

Luego Jesús les dijo: "No teman. Vayan y digan a mis hermanos que deben ir a Galilea. Me verán allí".

Mientras las mujeres hacía esto, algunos de los guardias fueron a Jerusalén y contaron a los principales sacerdotes lo que había ocurrido.

Los sacerdotes tuvieron una reunión con los ancianos judíos. Decidieron dar a los soldados algo de dinero para que mintieran.

Les dijeron: "Digan lo siguiente: 'Mientras dormíamos, los seguidores de Jesús vinieron de noche y robaron su cuerpo'.

"Si el gobernador oye esto, haremos que nos crea. Lo solucionaremos, no se preocupen."

Así que los soldados tomaron el dinero e hicieron como habían dicho. Este rumor se ha dispersado entre el pueblo judío hasta el día de hoy.

Muy temprano en la mañana del domingo, las mujeres fueron al sepulcro. Llevaban los dulces aromas que habían preparado.

Pero encontraron que la roca había sido removida de la entrada del lugar.

Entraron, pero no encontraron el cuerpo del Señor Jesús.

Mientras se preguntaban qué le podría haber ocurrido, repentinamente se les presentaron dos ángeles, con vestiduras resplandecientes.

Las mujeres se asustaron; se postraron en tierra sobre sus rostros. Los dos hombres les dijeron: "¿Por qué buscan aquí a una persona que está viva? ¡Este lugar es para los muertos!"

"Jesús no está aquí. Él ha resucitado! ¿Recuerdan lo que les dijo en Galilea?

"Jesús dijo que debía ser entregado en manos de hombres pecadores, morir en la cruz y resucitar de los muertos al tercer día."

Entonces las mujeres recordaron las palabras de Jesús.

Ellas dejaron el sepulcro y fueron a donde estaban los once apóstoles y los demás seguidores. Les contaron todas las cosas que habían ocurrido en la tumba.

Las mujeres eran: María de Magdala, Juana, María, la madre de Jacobo, y algunas otras mujeres. Ellas dijeron a los apóstoles todo lo que había pasado, pero los hombres no creyeron lo que las mujeres decían. Sonaba como una locura.

Sin embargo, Pedro se levantó y corrió hacia el sepulcro. Se agachó y miró hacia adentro, pero lo único que vio fueron las vestiduras con que lo habían sepultado. Pedro se fue, solo, preguntándose qué habría sucedido.

DÍA DE RESURRECCIÓN

6 DE ABRIL DE 30 D.C.
PEDRO Y JUAN EN LA TUMBA VACÍA

Luego Pedro y el otro discípulo se fueron. Se dirigieron al sepulcro.

Ambos iban corriendo, pero el otro discípulo dejó atrás a Pedro. Llegó primero a la tumba.

Se agachó y vio los lienzos puestos allí, pero no entró.

Luego llegó Simón Pedro, siguiéndolo. Entró en el sepulcro y también vio los lienzos que ahí se encontraban.

Pero el sudario que había estado sobre la cara de Jesús no estaba con los otros lienzos, sino que se encontraba solo, enrollado en un lugar aparte.

Luego el otro discípulo, que había llegado primero al sepulcro, también entró. Él vio y creyó.

(Ellos aún no habían entendido las Escrituras que decían que Jesús debía resucitar de entre los muertos).

Los dos discípulos regresaron a sus casas.

María se encontraba de pie fuera del sepulcro, llorando mientras oraba. Se inclinó y miró dentro de la tumba. Vio a dos ángeles vestidos de blanco. Estaban sentados en el lugar donde había estado el cuerpo del Señor Jesús, uno a la cabecera y otro a los pies.

Ellos le dijeron: "Mujer, ¿por qué lloras?" Ella les respondió: "Se han llevado a mi Señor. No sé dónde lo han puesto".

Después de decir esto, ella se dio vuelta. Vio a Jesús de pie allí, pero no lo reconoció.

Jesús le dijo: "Mujer, ¿Por qué lloras? ¿A quién buscas?" Creyendo que Jesús era el jardinero, le dijo: "Señor, si usted se lo ha llevado, dígame por favor dónde lo ha puesto y yo me lo llevaré".

Jesús le dijo: "¡María!" Ella se volvió y le dijo en arameo: "¡Raboni!" (Esta palabra significa: "Mi Maestro".)

Jesús siguió diciendo: "No me toques, porque aún no he subido al Padre. Ve con tus hermanos y diles esto: 'Subo a mi Padre y a su Padre, a mi Dios y a su Dios'."

María (la de Magdala) fue y dijo a los discípulos: "¡He visto al Señor Jesús!" Les contó lo que él había hablado con ella.

Referencias de las Escrituras

PARTE I
Mateo 26:21-29; Marcos 14:18-25; Lucas 22:19-30;
Juan 13:21-38
Juan 14:1-31
Juan 15:1-16:33
Mateo 26:30-35; Marcos 14:26-31; Lucas 22:31-39
Mateo 26:36-46; Marcos 14:32-42; Lucas 22:40-46;
Juan 18:1
Mateo 26:47-56; Marcos 14:43-52; Lucas 22:47-53;
Juan 18:2-11
Mateo 26:57-68; Marcos 14:53-65; Lucas 22:54-55,
63-65; Juan 18:12-16, 18-24
Mateo 26:69-75; Marcos 14:66-72; Lucas 22:56-62;
Juan 18:17, 25-27
Mateo 27:1-2; Marcos 15:1; Lucas 22:66-71
Mateo 27:3-10
Mateo 27:11-31; Marcos 15:2-20; Lucas 23:1-25;
Juan 18:28-19:13, 15-16
Mateo 27:32-56; Marcos 15:21-41; Lucas 23:26-49;
Juan 19:14, 17-34, 36-37
Mateo 27:57-61; Marcos 15:42-47, 16:1; Lucas 23:50-56;
Juan 19:38-42
Mateo 27:62-66

PARTE 2
Mateo 26:62-66
Mateo 28:1-15
Lucas 24:1-12
Juan 20:3-18

Información de contacto del autor

Usted puede tomar contacto con el autor escribiendo a:

P.O. Box 3450
Jacksonville, FL 32206
E-mail: gene@geneedwards.com
Internet: geneedwards.com
Llamada telefónica sin cargo: 1-800-228-2665 *
Llamada de fax sin cargo: 1-866-252-5504 *
* Dentro de los Estados Unidos

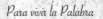
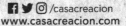

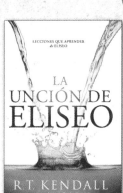

Te invitamos a que visites nuestra página web, donde podrás apreciar la pasión por la publicación de libros y Biblias:

www.casacreacion.com

 @CASACREACION

@CASACREACION

 @CASACREACION

Para vivir la Palabra